/ 100位

为新中国成立作出突出贡献的英雄模范人物/

八女投江

于春芳/编著

★

吉林文史出版社

图书在版编目（CIP）数据

八女投江 / 于春芳编著. -- 长春 ：
吉林文史出版社，2011.4（2022.4重印）
（100位为新中国成立作出突出贡献的英雄模范人物）
ISBN 978-7-5472-0497-9

Ⅰ．①八… Ⅱ．①于… Ⅲ．①女烈士－
生平事迹－中国－现代 Ⅳ．①K827=6②D442.9

中国版本图书馆CIP数据核字(2011)第049565号

八女投江

BANVTOUJIANG

编著/ 于春芳

选题策划/ 王尔立　责任编辑/ 王尔立

装帧设计/ 韩璘

出版发行/ 吉林文史出版社

地址/ 长春市福祉大路5788号　邮编/ 130118

电话/ 0431-81629363　传真/ 0431-86037589

印刷/ 天津海德伟业印务有限公司

版次/ 2011年4月第1版　2022年4月第6次印刷

开本/ 640mm×920mm　1/16

印张/ 9　字数/ 100千

书号/ ISBN 978-7-5472-0497-9

定价/ 29.80元

《100位为新中国成立作出突出贡献的英雄模范人物》丛书

★ ★ ★ ★ ★

编 委 会

100位

为新中国成立作出突出贡献的英雄模范人物

八女投江	于化虎	小叶丹	马本斋	马立训	方志敏
毛泽民	毛泽覃	王尔琢	王尽美	王克勤	王若飞
邓萍	邓中夏	邓恩铭	韦拔群	冯平	卢德铭
叶挺	叶成焕	左权	诺尔曼·白求恩		任常伦
关向应	刘老庄连	刘伯坚	刘志丹	刘胡兰	吉鸿昌
向警予	寻淮洲	戎冠秀	朱瑞	江上青	江竹筠
许继慎	阮啸仙	何叔衡	佟麟阁	吴运铎	吴焕先
张太雷	张自忠	张学良	张思德	旷继勋	李白
李林	李大钊	李公朴	李兆麟	李硕勋	杨殷
杨子荣	杨开慧	杨虎城	杨靖宇	杨闇公	萧楚女
苏兆征	邹韬奋	陈延年	陈树湘	陈嘉庚	陈潭秋
冼星海	周文雍、陈铁军夫妇		周逸群	明德英	林祥谦
罗亦农	罗忠毅	罗炳辉	郑律成	恽代英	段德昌
贺英	赵一曼	赵世炎	赵尚志	赵博生	赵登禹
闻一多	埃德加·斯诺	夏明翰	格里戈里·库里申科		
狼牙山五壮士	聂耳	郭俊卿	钱壮飞	黄公略	
彭湃	彭雪枫	董存瑞	董振堂	谢子长	鲁迅
蔡和森	戴安澜	瞿秋白			

前 言

　　每个人的心中都多少有一点英雄情结，都向往英雄、景仰英雄。也正因此，在中华人民共和国建国六十周年之际，由中央十一部委联合组织开展的"100位为新中国成立作出突出贡献的英雄模范人物和100位新中国成立以来感动中国人物"的评选活动中，群众参与投票总数近一亿。这其中的每一张选票，都表达了人们对英雄模范的崇敬之情，寄托着对伟大祖国的美好祝福。

　　一个民族不能没有英雄，否则这个民族就不会强大。当国家危难之时，懦弱者选择了逃避、妥协甚至投降，英雄们却挺身而出，用热血捍卫民族的尊严，人民的幸福。在创立和建设新中国的伟大历程中，涌现出无数可歌可泣的英雄模范人物。他们之中，有为了民族独立和人民解放而英勇牺牲的革命先烈，有为了党和人民的事业而不懈奋斗的优秀共产党员，有在全民族抗战中顽强奋战、为国捐躯的爱国将士，有英勇杀敌的战斗英雄和革命群众，有积极从事进步活动的著名民主爱国人士和国际友人……他们是民族的脊梁、祖国的骄傲，是激励全体人民团结奋斗的精神力量。

　　《100位为新中国成立作出突出贡献的英雄模范人物传记》丛书，就像一部星光璀璨的英雄谱，真实、完整地记录了英雄模范人物不平凡的一生，再现了他们非凡的人格魅力和精神世界。"头颅可断腹可剖"的铁血将军杨靖宇，"毫不利己，专门利人"的白求恩，"抗战军人之魂"张自忠，"砍头不要紧"的夏明翰，"俯首甘为孺子牛"的文化斗士鲁迅……一串串闪光的名字，一个个动人的故事，犹如群星闪烁，光耀中华。

　　如今，战火已熄，硝烟已散，英雄已逝，我们沐浴在和平的幸福之中。在和平年代，人们不会忘记为今日的和平浴血奋战的英雄们，英雄的故事永远不会结束。让我们用英雄的故事唤醒我们心中的激情，为中华民族的伟大复兴而奋斗。

生平简介

　　1938年10月，以冷云为代表的东北抗日联军八名女战士，在顽强抗击日本侵略军的战斗中弹尽援绝，毅然投入滚滚江水，为国捐躯。她们是东北抗日联军第二路军第五军妇女团的指导员冷云，班长胡秀芝、杨贵珍，战士郭桂琴、黄桂清、王惠民、李凤善和被服厂厂长安顺福。

　　冷云，1915年生，黑龙江省桦川县人，1934年加入中国共产党，在佳木斯从事秘密抗日活动。1937年冷云参加东北抗联第五军。1938年夏，与冷云同在第五军的丈夫英勇牺牲，她强忍巨大悲痛，告别刚刚出生两个月的婴儿，随第五军第一师部队西征，任妇女团政治指导员。西征中妇女团的战士们和男战士一样跋山涉水，英勇作战。7月12日参加攻打楼山镇战斗。10月中旬，该部在牡丹汀地区乌斯浑河渡口与日伪军千余人遭遇，已行至河边准备渡河的妇女团八名女战士，为掩护大部队突围，毅然放弃渡河，在冷云的率领下，分为三个战斗小组，主动吸引日伪军火力，与敌人展开激战。在背水作战至弹尽援绝、被敌人困死在河边的情况下，面对日伪军逼降，誓死不屈。她们毁掉枪支，挽臂投入滚滚的乌斯浑河，壮烈殉国，表现了中华民族同敌人血战到底的英雄气概。

◀ 八女投江

目 录 MULU

英 雄 颂（代序）

有的人活着，
其实他已经死了。
在私欲的罪恶膨胀中——
死掉了灵魂。
在街谈巷议的嗤笑唾骂中——
死得比鸿毛还轻。

有的人死了，
他却依然活着——
永远活在各族人民心中——
凝结成传承记忆的永恒！
啊！活着，
永远地活着！

在巍巍的群峰中活着——
他是一棵青松——
拨动着排山倒海的松涛声。
在奔腾的江海中活着——
他是一朵浪花——
涌动着永不歇息的浪峰。

在祖国的独立、繁荣中活着——
他是一个支点——
擎起大厦又把大厦支撑。
在前进的号角声中活着——
他是一个音符——
谱进优美的乐章催人陷阵冲锋。

在群英荟萃中活着——
他是一颗耀眼的星——
用自己的灵光照亮别人前程。
在人民的心灵中活着——
他铸就了永恒——
人民生生不息他就与人民同生！

在这永生的群体里，
有我们的八位女神：
冷云、杨贵珍、
安顺福、黄桂清、
胡秀芝、郭桂琴、
李凤善、王惠民。

群山作证，
她们正在密林采果。
绿水作证，
她们正在洗衣理鬓。
山花作证，
她们是祖国的奇葩，光彩照人。

蓝天作证，
她们是正在翱翔的八只雄鹰！
嫦娥作证，
她们正在月宫做客。
飞船作证，
她们正在遨游太空。

人民作证，
抚琴弹奏亮琴音。
祖国作证，
雄鸡昂首唱天明。
历史作证，
宏卷一页字字金！

八女英姿

（1938年10月20日）

→ 历史背景

1931 年 9 月 18 日，日本帝国主义发动了侵略我国东北的战争。由于蒋介石的不抵抗政策，日军仅用四个半月时间就占领了东北三省。

九·一八事变后，东北人民在中国共产党的号召、影响和领导下，掀起了规模宏大的抗日救国的浪潮。东北义勇军（曾发展到三十万人）和中国共产党领导的抗日联军（曾发展到十一个军三万余人）的抗日斗争，是中国人民全国抗日战争的序幕，给日本侵略者以沉重打击，有力地推动、支援和配合了全民族的抗日战争。特别是 1937 年七七卢沟桥事变后，中华大地举国上下掀起了全面对日抗战的热潮，使日本侵略者这头"野牛"陷入了中国人民全民抗战的汪洋大海之中。

日本侵略者为把东北变成它侵占我国的大后方,以植田谦吉为司令、东条英机为参谋长的关东军司令部,制定了《三江省治安肃正三年计划》(即乌苏里江左岸,松花江、黑龙江下游和牡丹江一带广大地区)。1937年11月日寇增调日本关东军第四师团为主力,吸收伪军混成第十六、二十三、二十七、二十八旅和靖安军四个团、兴安军支队(骑兵队),组成了两万五千人的"讨伐队",再加上满铁株式会社的田中特务工作队,汉奸警察队和"自治军"、"自卫团"的棒子队(大排队)等,约有六万人的兵力,对我抗联军民实行"篦梳式"、"踩踏式"的"大扫荡",大肆毁林清乡,归大屯,强制组建"集团部落",设保甲,搞连坐法,对所谓"通匪区"实行烧光、抢光、杀光的"三光政策",制造了大量"无人区"。从1937年冬季开始,日寇陆续增兵于北满和吉东地区。除原有第四师团之外,又有第十师团进驻佳木斯,第八师团进驻绥阳,并有日军第三军进驻牡丹江控制中东铁路东段,日军第五军进驻密山控制中苏边境地带。

由于日本侵略者的铁血禁锢政策,迫使东北抗日联军的斗争进入了最艰苦的阶段。

针对这种严峻形势,中共吉东省委和东北抗日联军第二路军总指挥部决定:将二路军所属的四军、五军等部队组成远征军，从所在的根据地出发，分三路向西南的五常县等地区远征，粉碎敌人企图将活动在松花江下游地区的抗联部队"聚而歼之"的阴谋，冲出日伪军的军事包围圈，以期与东北抗联一路军及第二路军所属的第十军打通联系，建立新的抗日游击区，牵制日伪军，支援关内的抗日斗争，开创抗日战争新局面。

1938 年 5 月，抗联四军主力（携被服厂女战士）与五军二师，在宝清大叶子沟集结后，向牡丹江下游的远征集结地刁翎一带（当时的刁翎抗日根据地，即现林口县北片四乡镇和龙爪镇广大区域，核心地区是四道河子和小锅盔山等林区）集结。由于部队不断遭到敌人的围追堵截，直到 6 月下旬才克服重重困难，到达刁翎地区。6 月 29 日西征部队领导在莲花泡密营召开了高级干部会议，变更了原定的西征具体行动计划，放弃了南下计划，集中兵力西进。

➡ 西征之路

★★★★★

　　抗联四军、五军与救世军等部队，组成近两千人的西征队伍，由吉东省委书记宋一夫（兼五军政治部主任、五军二师师长）、五军军长柴世荣、四军军长李延平及王光宇、关书范、陶净非等带队西征。

　　西征部队经过简短的动员后，各部官兵纷纷响应。五军妇女团的冷云等女战士们也欣然随军远征。为此，冷云忍痛将两个多月的女儿，求军部谢清林副官抱送给依兰县土城子的一位朝鲜族爱国群众抚养，踏上了艰苦卓绝的西征之途。

　　1938 年 7 月 2 日，西征部队从现在的林口县莲花镇莲花泡出发。五军一师为先遣队，师长关书范率三百余人先行。大部队跟随北上，奔袭了牡丹江岸的三道通（现林口县辖），攻下了西岸的伪警察分署和东岸的日军守备队驻地，得到了一批给养补充，冲破了敌人的包围。

西征军在四道河子密营会合了五军妇女团等后方人员，四、五两军的三十余名女兵随军向南过三道河子，越过老爷岭几百里的深山密

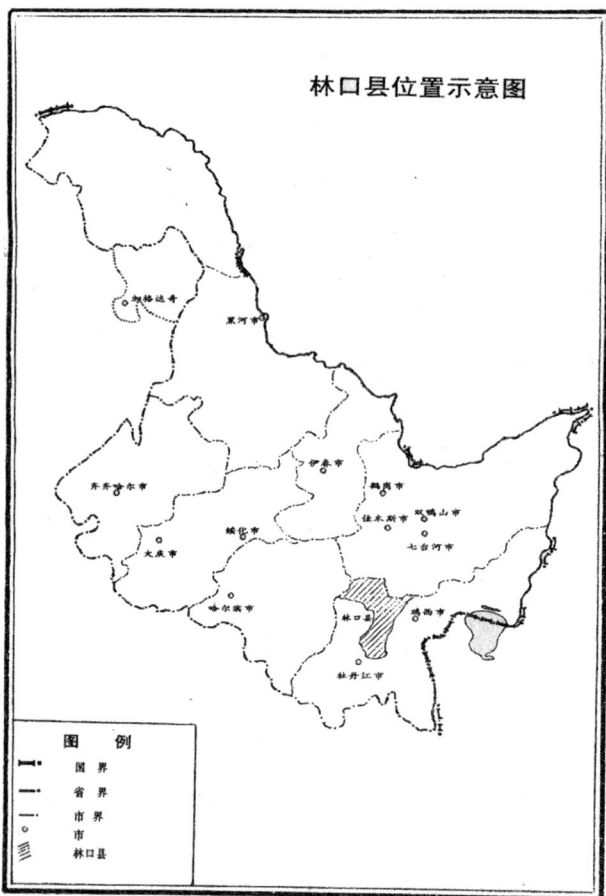

林口县位置示意图

林，到达现在的尚志市的楼山镇。一路上，天上有日寇飞机侦察轰炸，地上有追兵追击，战斗频繁惨烈。冷云等女战士与男战士一样跋山涉水，并肩战斗，并于7月12日参加了著名的珠河县（现尚志市）楼山镇的战斗。

楼山镇战斗的胜利，使我军得到了给养、弹药补充，但也震惊了敌人。此后敌人从哈尔滨等地调集重兵进行"围剿"，战斗更加频繁、惨烈。

楼山镇战斗之后，五军军长柴世荣率五军教导团和一师二团与救世军二百余人分别返回刁翎地区活动。按总部安排，妇女团的少数人随五军军部返回刁翎，多数人继续随五军一师西征。

由于诸多原因，楼山镇战斗之后，部队内部产生了动摇情绪，过中东铁路后，逃跑现象不断发生。西征部队主要领导人之一的吉东省委书记兼五军政治部主任、五军二师师长（原二师师长王光宇调任四军副军长）宋一夫，于7月31日在一面坡南部大青川宿营时，与五军二师四团团部的王副官一起携款叛逃，后叛变投敌，严重动摇了西征部队的决心，产生了极为严重的后果。

根据形势的变化，四军、五军分兵西进。

8月，抗联各路西征部队到了五常县境内。由于我军的战略意图被日寇窥破，敌人调集了数十倍于我军的兵力，采取了空中飞机跟踪、扫射、轰炸，地面大队围追堵截等战术，企图一举歼灭我军。敌人还针对抗联游击活动的特点，采取分兵出扰，用小部队游击的战法，破坏西征军有计划的行动，使西征军几乎天天作战，双方激战频繁。由于我军对地形不熟，经常失去联系而独立作战。部队给养极度匮乏，仅能以生土豆和刚长粒的生玉米棒子充饥，有时甚至只能以野果、树叶果腹，使得伤亡更加惨重，兵源根本无法补充。抗联四军军长李延平、副军长王光宇等很多优秀指挥员和大批战士相继牺牲，四军西征部队全部溃散。五军西征部队也遭受严重损失：宋一夫叛逃后，二师归一师指挥。经过一系列战斗，一师、二师只剩一百多人。面对这一严重情况，抗联五军一师领导决定回师牡丹江下游一带，到抗联五军军部和二路军总部休整。五军被打散的残部，在陶净非率领下坚持斗争，后来与第一路军取得了联系。

五军西征生存下来的这支百余人的队伍，突出重围后，回师刁翎。

尽管他们常潜行于人迹罕至的原始森林之中，跋山涉水，风餐露宿，以山果野菜和河沟里的鱼虾蛤蟆之类充饥，但还是摆脱不掉敌机低空盘旋侦察和汉奸密探的告密，因而时常在行军途中发生遭遇战，且又多是猝不及防的恶仗。

随五军一师活动的妇女团女战士个个英勇顽强，机智果

敢，经受住了往返两千余里西征奔波的严峻考
验。到9月末，抗联四军、五军在楼山镇战斗
后继续随军西征的二十余名女战士，仅仅幸存
以冷云指导员为首的八名同志。

这支回师的队伍沿原路线返回。过一面坡，

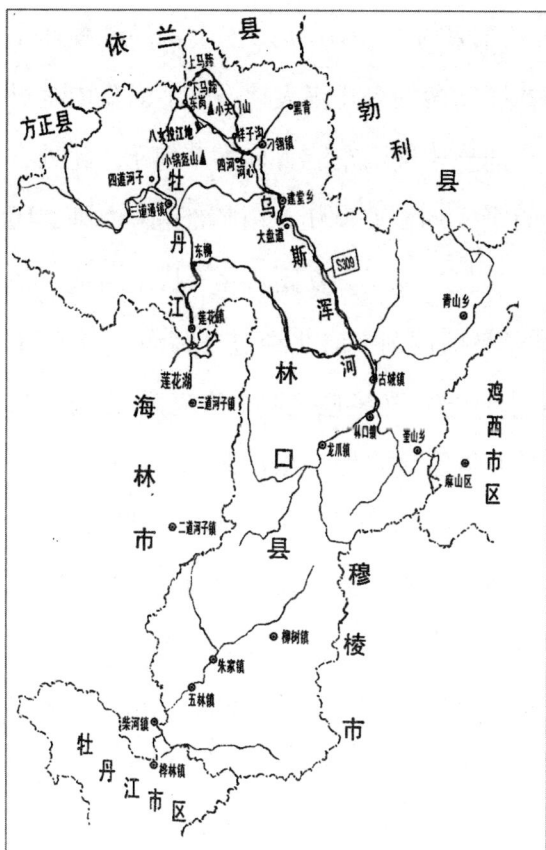

△ 八女在林口县域主要活动地点示意图

走苇河到了海林市的横道河子，从海林镇的北面进入佛塔密北沟，过头道河子到了半拉砬子（在海林市柴河镇辖区），在此处截获了敌伪山林武警采伐队木营的三条木船，渡过了牡丹江，然后北去到了山东屯。在山东屯（现林口县莲花镇东兴村即烈士杨贵珍家乡东柳树河子）受到了群众的热情欢迎。群众杀了一口猪招待这些抗日将士，这天正是八月中秋节（10月8日）。然后部队经东兴村（东柳树河子）北沟，继续往东北方向走，又攀登过了寒葱河等几座大岭，从小锅盔山绕过刁翎的三家子村，奔向柞木岗山东北方向的草甸子，此处有过河的道口。这支百余人的抗联队伍，由师部和"一师二团三连、二师四连、一、二连"及妇女团八名女战士组成。他们原打算从此处渡过乌斯浑河，向北经过马蹄沟、碾子沟，到依兰县土城子一带牡丹江边的喀上喀（现克斯克）山区，去找抗联二路军总部及五军稽查处（联络部）。

当时，秋雨连绵，河水暴涨，道口难辨，且没有渡船。这支百余人的队伍只好露营在三家子村西北的乌斯浑河西岸老道口附近的谷地之中（此处在王扯兰沟与歪嘴子沟之间）。这里距离牡丹江与其支流乌斯浑河相汇处约四公里，柞木岗山是两流的分水岭，东面隔河相望的便是小关门山，小关门咀子突出于河岸边。乌斯浑河向西北方向蜿蜒奔流，然后注入牡丹江。此处周围杳无人迹，是抗联秘密交通线的经过之处。这里有过河道口（哨口），平时水浅，人车马匹都能涉过。

黑龙江的 10 月，天已严寒。19 日这天，河水沿着河边结着晶莹的冰凌。抗联战士们由于战斗频繁和长期攀山穿林，衣服早已被剐得破烂不堪，有的人甚至结草束之勉强蔽体，有的人鞋子已前出"蒜瓣"后露"鸭蛋"。为了御寒，大家忙碌着拾取干柴枝，在山脚下、草甸中的避风处，散落地笼起十多堆篝火取暖。

冷云等抗联战士，他们除了应对随时都可能发生的战斗之外，还要时时面对江滨、河谷、野地等恶劣环境及缺衣、断食等重重困难，但他们仍然保持着高度的革命乐观主义精神。妇女团的八名同志偎依在一堆篝火旁，抓紧时间给男同志们缝补衣裳。指导员冷云把只有 13 岁的小妹妹王惠民搂在怀里，把她两只由于严重缺乏营养而显得枯瘦的小手，掖进自己的胸前给她暖和着。王惠民童心十足，一本正经地诉说着将要回到军部的欢乐心情。不久，大家看着安顺福和胡秀芝两位战友安详的睡脸，听着她们轻微的鼾声，也相继由蒙眬的困顿而慢慢入睡。

→ 偏师扶危

☆☆☆☆☆

　　在夜阑更深的时候，一个罪恶的幽灵出现了——家住样子沟下屯的日本密探、特务葛海禄（原为谢文东部副官，后叛变投敌），从样子沟下屯（今刁翎镇民主屯）到上屯（今刁翎镇跃进屯）与外号"豆腐西施"的女人寻欢作乐之后，诡秘地到他的"侦察守望哨"侦察有无抗联活动——他窥见西北方的乌斯浑河西面的谷地中有火光闪动，他断定这是抗联露营的篝火。于是，他连滚带爬地返回样子沟下屯，一头撞入日本守备队屋里告了密。乔本队长立即挂电话向刁翎日寇驻军司令长官熊谷汇报。熊谷大佐，膀大憨粗，蓄着大胡子，亲自率领三十来名骑兵，并命令乔本和关景（驻后岗）两个队长各率本部人马立即出动。又纠集了警察指导官岛田、教官佐佐木等带领刁翎街警察大队、黑背金矿矿警、东岗子山林警察队及伪军赫奎武团共计千余人的"讨伐队"，趁着夜幕，从四河屯方向摸向我抗联露营地。由于日伪军一时搞不清抗联部队的底细，未敢夜间攻击，只得诡秘地潜伏在抗联队伍附近，等天亮看个究竟再行袭击。

第二天拂晓，队伍整装待发。但湍急的乌斯浑河水继续上涨，翻着浪花，滚滚西去，过河道口已被洪水吞没，无法确定其准确位置。师领导只好派会泅水的师部朝鲜族参谋金世峰带领八名女同志先行过河。她们到达河边之后决定先由金世峰下河探路，等他返回之后再引导八名女战士过河。正当八女要下河之时，突然，抗联露营地的东南方向枪炮声大作，日伪军开始了猛烈的攻击。在这突如其来的恶战中，抗联的指战员们边打边向西边的柞木岗密林方向撤退，但为时已晚，他们被敌人紧紧咬住难以脱身。此时八名女战士正隐蔽在河的岸边。

冷云看到，日伪军紧紧咬住大队不放，大队战友即将被敌人包围，形势异常严峻。她觉得她们所在的地点，正是吸引敌人、掩护大队安全转移的好位置。她立即把在河岸边的战友组成三个战斗小组，隐蔽在柳条通后面，作好了与敌人血战到底的准备。她毅然命令："同志们，快！
向敌人开火，把敌人吸引过来，掩护大队突
围！""是！向敌人开火！让大队突围！"七名女
战士深明大义，完全领会了指导员的意图，边
回答边各自操起枪支一齐向敌群开火。

敌人背后遭到猛然袭击。他们不知虚实，

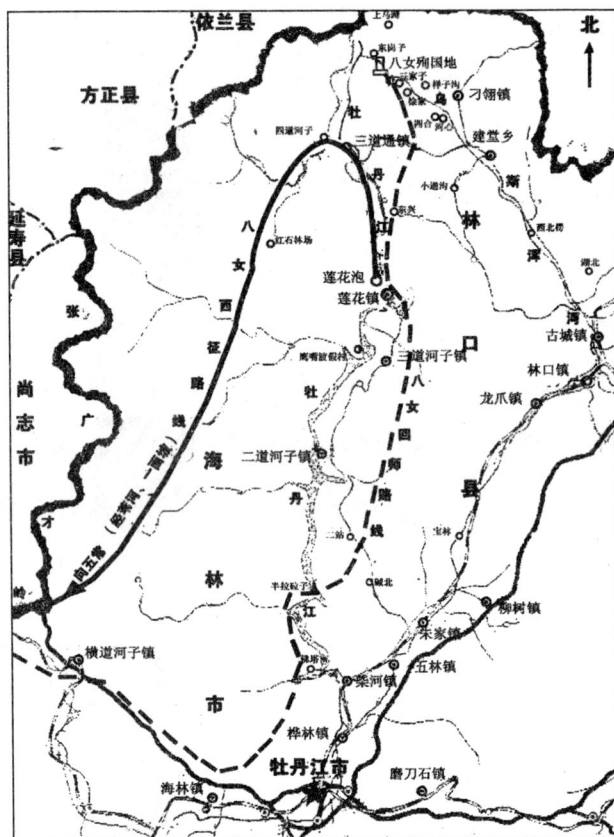

△ 八女西征、回师、殉国示意图

不知道河边有多少抗联战士，觉得腹背受敌太危险，于是调整部署，分兵向河边扑来。由于冷云等八女的果敢杀敌行动，吸引了敌人的火力，分散了敌人的兵力，给大队创造了突出重围、摆脱敌人的有利条件。战友们趁敌人调整部署分散兵力的混乱之际，迅速冲出包围，很快摆脱了敌人的追击，潜入密林。已突围的部队领导发现，为掩护大队安全转移，全力牵制敌人的冷云等八名女战士仍在河岸据守，致使河边的枪声越来越激烈，处境异常险恶，李团长便手持双枪率队折将回来，果敢地向敌人发起冲锋，想通过猛烈的冲击杀开一条血路，把冷云等八名女同志带出来。然而，战机已失，各处有利位置和制高点全被日伪军抢占，敌人以凶猛剧烈的枪炮火力控制了整个战场，致使抗联反冲锋队伍无法前进，人员的伤亡在不断地增加。已被置于绝援的八名女战士耳闻目睹这一切，都被战友们舍生忘死的援救行为和高尚品德所感动。她们意识到：倘若大队战友继续为了拯救她们一起突围而恋战下去，必将导致全军覆没！当务之急是保存革命力量，坚持抗日斗争。于是，冷云指导员立即通知其他七位战友，运用抗联齐声喊话的传统宣传鼓动方式，对着青山密林高声喊道："同志们！冲出去！保住手中枪，抗日到底！"八位女英雄三次撼天动地的齐声喊话，唤醒了怒不可遏的救援战友：鲁莽硬拼是不成的，但同时还想再作一次搭救她们的努力。大队战友的第二次反冲锋，在持有精良装备、数十倍于己的敌人的对抗下，又没有成功。眼看救援无望，他们只得挥泪忍痛，向柞木岗山密林深处撤去。

已被阻隔在河边的冷云等八名抗联女战士，看到她们的主动掩护行为，保证了战友们的胜利突围，使革命力量保存下来，都感到由衷的欣慰。她们互相勉励着争取更多地杀伤敌人，为战友的安全转移赢得更多的时间。她们个个视死如归，沉着冷静地向敌人发射出一排排仇恨的子弹。

日伪军终于被突围出去的抗联部队甩掉，就更加气急败坏地吵吵嚷嚷，一齐向八女据守的河岸阵地猛扑过来。这群面目狰狞的敌人，在汉奸葛海禄引领下，胆战心惊地边打枪边试探着向八女阵地步步逼近，妄想凭其人多势众，活捉她们。

敌人怎能料到这柳条通里的奥秘？冷云她们尽管只有八个人，三个战斗小组，又是女兵，人单力薄，还只是手持轻武器和有限的弹药，但是她们具有抗联战士的共同气质——自立于世界民族之林的能力，誓与侵略者血战到底的英雄气概，不畏惧任何艰难险阻的斗争精神和与顽敌近战、游击战的高超本领，因此，她们在敌人疯狂进攻面前毫不怯懦，在死亡面前毫不动摇，沉着、勇敢、坚定地战斗下去。八支枪口一齐指向狗吠狼嗥似的敌群，颗颗子弹穿透日寇的脑袋和胸膛。她们八个人早已把河岸阵地筑成了杀敌的钢铁长城。

　　冷云等同志发现敌人采用"羊群战术"，就决定利用手榴弹在羊群、蜂窝里开花的打法，以茂密的柳条通为蔽帐，屏住呼吸，专等敌人挨近前沿阵地的时候，她才大喊一声："打！"于是，八颗手榴弹同时飞入敌群。在"轰！轰！轰！"的爆炸声中，敌人血肉横飞，炸倒一片，腿快的敌人屁滚尿流地逃遁远去。敌人在八女的英勇打击下，懵头懵脑，惊恐万状，只得紧紧地趴在地上，躲在草丛里，向河岸的柳条通里胡乱打枪。

　　"同志们，要注意节省子弹，等敌人靠近时再打！"冷云小声地通知战友，并趁敌我双方僵持之际，检查了武器弹药。冷云又冒着敌人呼啸而来的子弹，匍匐巡视了另外两个战斗小组，让大家拉开些距离，选择好隐蔽地段，并同安顺福、胡秀芝、杨贵珍几位共产党员班长碰过头，商量好了"应急之策"。

　　岸边仍硝烟滚滚，烈火熊熊。冷云目光炯炯，环顾四周，发现她们所处的地形地势极为不利，西、北、南有三股敌人步步逼近，东面一条宽百十米、水深莫测、奔流湍急的乌斯浑河横断了前进的道路。眺望对岸大小关门山，红彤彤的柞树叶子如同红旗漫山招展；朝阳照耀下的乌斯浑河河水似彩绸飘舞。壮丽多娇的祖国山河，岂能容忍豺狼蹂躏！

背水一战——八女已处于兵法所忌的绝境。这时大家都清楚地意识到，仅凭自己所在的已快被打得光秃秃的河岸阵地的几丛柳毛是难以隐身的。指导员冷云愤怒地监视着正南方鸣枪的敌群，胸中燃烧着复仇的怒火。

这时，敌人的迫击炮对准岸边的柳条通连续发射，周围荒草炽烈地燃烧起来，浓烟向河边流动，柳毛丛被炸平了，隐身的屏障物全被毁尽。冷云见状，刚要下令向河岸坎下撤退时，狡猾的敌人趁着炮火掩护，又向八女阵地发起大规模的冲锋。这次敌人兵分三路向河边推进，大批正面突击，另两股迂回侧翼，形成三面包剿之势，嚣张气焰不可一世。冷云等八名女英雄同时迎击凶神恶煞般的咄咄逼进的三面之敌，她们一边射击，一边向敌群中投掷手榴弹。猛烈的爆炸阻止了敌人的脚步。

硝烟散去，顽敌又冲上来了。八女的第二批手榴弹又在敌群中开了花，炸得日伪军鬼哭狼嚎，死伤惨重，丧魂落魄，抱头鼠窜。敌人的进攻又被打退了。但是，抗联女战士黄桂

清和郭桂琴却负了伤，冷云赶忙奔过去给
小黄包扎，杨贵珍也正在给小郭包扎。安
顺福、胡秀芝、李凤善和王惠民都用自己
的衣服扑打着即将烧到身旁的大火。冷云
架起负伤的战友，带领大家利用浓烟的掩
护，趁此酣战的间隙，迅速撤到河沿坎下，
卧伏在土坡上。

→ ## 视死如归

★★★★★

指导员冷云又叫战友们检查子弹，这
时子弹已经打光，手榴弹也只剩三颗了。
而她们面前却蠕动着蝗虫般的日伪军，背
后是哗哗奔腾的河水。她们八个人，一不
会凫水，二有伤员，加上历经长期连续几
个月恶战的极度疲劳，面对着朗朗的乾坤，

熊熊的烈火，滚滚的硝烟，滔滔的河水，凛冽的秋风……心潮澎湃，明确意识到眼前只有两条路：为祖国而战死，是光荣的！被敌所俘，必受凌辱。怎么办？……冷云望着同志们刚毅的神态，同志们望着冷云炯炯的目光。终于，指导员冷云代表大家下了最后的决心，她慷慨激昂地说："同志们！咱们是共产党员、抗联战士，宁死也不做俘虏！现在咱们弹尽援绝了，只有趟水过河。能过去，就找到军部继续抗日，战斗到底；过不去，宁肯死在河里！为祖国的解放事业而战死是我们的最大光荣！""指导员说得对！咱们宁可站着死，也不跪着生！过河！"安顺福坚决响应。"对！过河！"其他六名女战士也齐声回答。"好！咱们还有三颗手榴弹，一定要用在节骨眼儿上！"冷云指挥大家准备过河转移。

敌人又如狼似虎地怪叫着冲上来了。他们边跑边叫："赶快投降！""捉活的！捉活的！"指导员冷云斩钉截铁地下达了最后的命令："同志们，下河！"她同时猛地站起来向敌群投出一枚手榴弹，接着安顺福站起来，杨贵珍站起来，相继投出第二颗、第三颗手榴弹。"轰！轰！轰！"这八位抗联女战士最后一批手榴弹在敌群中愤怒地爆炸了。敌人哭爷叫娘，魂飞魄散，扑倒一片。

冷云等八位抗联女英雄，趁机相互搀扶着站起来，向河里走去。突然远处飞来几串机枪子弹，小战士王惠民身子一振向前扑倒，鲜红的血从她左胸涌出。在冷云去抱她的瞬间，一颗子弹击中了冷云的肩头，胡秀芝忙去将冷云扶住。安顺福赶上前双手抱起小王。她们这才发现河东岸小关门咀子山头的石墙也被鬼子兵抢占了，这几串罪恶的子弹就是从那里射来的。冷云用手捂着伤口，坚定地说："走！"

这八位抗联女战士，互相搀扶着，齐声高呼："中国共产党万岁！""打倒日本帝国主义！""中华民族万岁！"昂首阔步地向乌斯浑河河心走去……

愚蠢的侵略者这时才醒悟过来，原来英勇抗击他们的只是八个女抗联。她们已在乌斯浑河的浪花中傲然屹立，视死如归。这时敌人幻想用金钱和活命来诱降八位巾帼英雄，于是，他们便在河边忙乱地奔跑喊叫："回来！上岸上来！""回来，金票大大的，生命的保障！"

然而，回答他们的只有乌斯浑河河水的汹涌奔流。八位中华女儿毫不理睬敌人，仍然在浪花中英姿勃发地继续向前走去！

黔驴技穷的日寇乔本队长，歇斯底里地叫嚷："打！统统的打！"罪恶的子弹从女战士身后追来，在头上、在身边呼啸而过。她们忽而躺倒在浪花中，忽而又矗立在激流中。敌人的迫击炮弹在她们身旁爆炸，掀起了巨大的波涛。此后就再也见不到八位女英雄的身影了……只有悠悠不尽的乌斯浑

八女英姿

河水，翻着浪花，泛着涟漪，涌向牡丹江……

冷云等抗联八女大义凛然、投河殉国的壮烈场面，使熊谷大佐及其部下惊愕簇立，呆若木鸡。日本关东军、守备队和伪军的这次千人队伍的"讨伐"，竟落得抛尸荒野、遍地狼籍，不得不沮丧地收了场。熊谷无可奈何地哀叹："中国的女人的这样的顽固，死了的不怕，中国的灭亡的不了哇！"

金参谋游到对岸，死里逃生，后回乡隐居。

突出重围的战友们，当天晚上派回一个小分队清理战场，掩埋战友遗体。几天后他们找到了五军军部。后来，柴世荣军长他们来到八女等战友战斗的地方，下令部队到八女战斗的战场，沿乌斯浑河两岸向下游寻找八女遗体。他们在乌斯浑河河谷的柳毛中，找到了冷云、王惠民等五位烈士遗体。战友们将五位烈士的遗体埋葬在乌斯浑河的岸边。

八位女英雄将与祖国的山河同在，与江水共鸣！

1938 年 11 月 4 日，东北抗日联军第二路军总指挥周保中将军，在现林口县莲花镇江西的夹皮沟密营，听完副官张贵仁的汇报，并看完他带回的五军军长柴世荣与五军一师师长关书范的信后，在日记中悲愤地写道："乌斯浑河畔牡丹江岸将来应有烈女标芳！"

英烈小传

➡ 冷 云

★★★★★

冷云，中国共产党党员，指导员。原名郑致民、郑志民，乳名香芝。大眼睛，圆脸盘，面孔红润英俊，身体微胖，上中等个头，举止端庄，语言流利，性格直爽刚强。忠厚朴实，待人热忱，是女兵中的"秀才"。

1915 年生于黑龙江省桦川县悦来镇一个勤劳的市民家里。兄妹三人中她最小。父亲郑庆云、母亲谷氏、兄长郑殿臣和嫂子张淑云都十分钟爱她。郑香芝 10 岁入悦来镇北门里两级小学校学习。

1931 年考入设在佳木斯街的桦川县立女子师范学校。她和高明世、范淑杰三姊

△ 冷云

妹在徐子良和董仙桥老师新思想的熏陶下，进步很快。

1932 年 4 月 12 日，因日本侵略军乘炮舰顺松花江侵占了佳木斯，学校被迫停课。"女师"学生和爱国民众一起游行示威，抗议侵略者，痛斥卖国贼。

1933 年秋，学校复课，男女师范合校于设在佳木斯的桦川县立中学，改为师范班。郑、高、范三姐妹积极参加抗日救国活动，被师范班同学称为"女师三杰"。

1934年夏，经董仙桥老师等介绍，郑志民等人先后光荣地加入中国共产党。

1935年12月毕业后，她回到悦来镇南门里初级小学校（现三完小）任教。在地下党支部书记马成林领导下，常以吹笛拉琴为掩护，与党员教师马成林、李淑范（李义民）和董若坤（董杰）等人在一起谈论国家命运，探求抗日救国的道路。她在任教期间经常以讲岳飞抗金保国和杨家将反异族侵犯的故事为内容，向孩子们灌输爱国主义思想。

郑志民反帝反封建要求强烈，她怀着远大抱负，决心投笔从戎，早日奔赴抗日前线，与侵略者血战到底。然而，在她小时候，家里主持给她与孙翰琪订了婚约。她师范毕业还籍工作后，孙家催婚。她因未婚夫孙翰琪当了伪警察，而决定退婚。但守旧意识浓厚的父母不理解女儿的痛苦心情，并且惧怕孙家的权势，说什么也不应允。她万般无奈，只好去佳木斯找中共地下党市委书记、她的老师董仙桥和师娘李淑云倾诉愁肠，要求党组织送她去参加抗日联军，以摆脱这门不幸的婚姻。当时佳木斯党组织经过研究后认为，为了不暴露党的组织和避免可能造成的重大损失，决定要郑志民以抗日斗争事业大局为重，个人的苦乐要服从革命斗争的需要。要求其与孙翰琪结婚，以妻子情分向他做工作，争取孙反正抗日。为了抗日斗争大业，她按党组织的决定，于1936年1

月和孙翰琪结婚。可是，孙翰琪当汉奸死心塌地，对他争取不仅无效，而郑志民的社交活动也开始受到他的管制，如不及时采取措施，很有可能暴露党的地下组织。郑志民向党组织汇报后，经党组织研究决定，让她以"男女私奔远逃"为假象迷惑敌人。她对挚友董若坤叮嘱说："我们这一生都交给了党！"

1937 年 8 月 18 日，她与同期进步教师吉乃臣一起被党组织秘密转送到抗日联军第五军，受到了周保中的接见。她在临行前摹仿唐朝爱国诗人杜甫的《春望》诗，奋笔写道："国破山河在，城春草木深，恨别花溅泪，重逢鸟欢心。"抒发她忧国忧民及对抗战必胜的信念。这期间，郑志民更名冷云，任文化教员。吉乃臣更名周维仁，在抗联五军秘书处工作。不久组织批准他两人结为夫妻。

她尽力发挥自己当过教师的特长，运用自己所学的全部知识，编写适用的文化课本和宣传材料，用剥掉树皮的大树干当黑板，用烧黑的树枝当笔，用桦树皮作纸，热情地给战士们上课。她能歌善舞，对活跃抗联的文娱生活起到了很大作用，受到了领导和战士们的欢迎。后来她被调到五军妇女团。

1938年，她被任命为小队长，5月份当指导员。爱人周维仁牺牲后，她化悲痛为力量，刻苦学习军事，杀敌报仇。她把仅两个多月的女儿求谢清林副官抱给依兰县土城子的一位朝鲜族老乡家抚养，1938年7月毅然参加了抗联西征行列，沿途英勇善战。

10月随西征部队返回刁翎根据地，19日晚露宿于三家子村西北的乌斯浑河（满语意为"凶猛暴烈的河"）西岸老道口附近的谷地之中。是夜，部队被日伪军发现。20日凌晨，八位女战友等九人欲渡河时战斗打响，她主动带领七名隐蔽在河岸的女战士向敌人射击，把敌人吸引过来，给部队创造突围的机会。她们在掩护部队突围后，因弹尽，她率其他七名女战友一起投入了波涛滚滚的乌斯浑河，壮烈殉国。时年23岁。以后遗体被战友们找到，葬在乌斯浑河的河岸边。

→ 杨贵珍

★★★★★

　　杨贵珍，中国共产党党员，班长。1920 年农历十月，生于黑龙江省林口县莲花镇东兴村（原名东柳树河子）。团方脸，大眼睛，双眼皮，白白净净，太阳穴上有个疤，长得俊俏。身高 1.60 米多，健壮结实，举止稳重，性格温雅，待人诚挚。

　　父杨景春，家境贫寒，但为人豪爽侠义，过往行人常住其家中，赠誉其屋为"杨家店"。杨父有子女四人，杨贵珍排行老大，为前妻赵氏所生，是长女。

　　杨贵珍 7 岁丧母，10 岁持家。1936 年农历二月出嫁，丈夫杨国清于当年农历八月病故。婆家欲将其远卖他乡，因拒绝经

△ 杨贵珍

常遭公婆打骂。1936 年冬抗联五军来到她家乡一带活动，常住"杨家店"和她婆家。她在五军女兵队长王玉环和陈玉华、徐云卿教育下，于 1936 年农历十一月欣然参加了抗联五军女兵队，取名杨贵珍。她先后在三道通、莲花泡江西、小锅盔山和四道河子沟里的密营被服厂、医院工作，有时随队下乡到群众中宣传抗日救国的道理，并以其亲身苦难遭遇现身说法，启发乡亲们的阶级觉悟。她工作积极，上进好学，作战勇敢。1937 年 1 月 28 日她参加了著名的大盘道伏击战，表现勇敢顽强，并抓到一名日寇俘虏。她在受到领导表扬时说："我当时就想抓鬼子，什么都忘记了。"1937 年秋她光荣地加入了中国共产党。

她在照顾伤员的工作中耐心精细。丈夫宁满昌负伤后，她受组织派遣，在山洞中悉心照料，待丈夫痊愈后，双双参加了西征。在战场上曾任班长、副小队长。丈夫在战斗中牺牲。

1938 年 7 月随军西征，10 月随西征部队返回刁翎根据地，19 日晚露宿于三家子村西北的乌斯浑河西岸老道口附近的谷地之中。是夜，部队被日伪军发现。20 日凌晨，八位女战友等九人欲渡河时战斗打响，她与其他七名女战友在掩护部队突围后，因弹尽，一起投入波涛滚滚的乌斯浑河，壮烈殉国。时年 18 岁。

→ 安顺福

☆☆☆☆☆

安顺福，中国共产党党员，抗联四军被服厂厂长，朝鲜族。1915年生于黑龙江省穆棱市穆棱镇三岔村新安屯（原名兴安屯）的一个贫苦的农民家庭。身体瘦弱矮小，长瓜脸，小眼睛，前额稍稍突起，有点"瓦门楼"，举止稳重，被大家称为"安大姐"。

安顺福父母兄弟姊妹勤劳正直，全家靠种水稻为生。安顺福从小就受到革命思想的熏陶。1931年九·一八事变后，屯子里成立了党支部和抗日救国先锋队组织，发动群众参加抗日救亡斗争。她16岁开始随父兄参加革命活动，是新安屯抗日儿童

△ 安顺福

团团员，她和屯子里的青少年们站岗、放哨、抓坏人、贴标语，工作积极。

1933 年 1 月因新安屯党支部书记张汉弼叛变投降日寇，敌人对新安屯进行了疯狂的大搜捕，有三十多名共产党员和爱国志士被捕入狱，有七人被敌人活埋，这其中就有安顺福的父亲和弟弟。新安屯也被鬼子烧毁。

民族恨，家乡仇，使安顺福更加坚强。

1933 年她 18 岁时加入共青团，因她抗日救国工作干得出色，又光荣地参加了中国共产党。她心里燃烧着复仇的怒火，毅然于 1934 年离开故乡，参加了抗日联军第四军，在被服厂工作，后任厂长。丈夫朴德山是抗联四军四团团政委，不久在战斗中英勇牺牲。

她为了更好地参加抗日斗争和行军打仗方便，与许贤淑等四名抗联女战士一起把她们亲生的九个小孩送给老乡家抚养。

1938 年 4 月，她所在的四军向宝清集中，5 月从宝清向刁翎地区集结，7 月随军西征。10 月随西征部队返回刁翎根据地，19 日晚露宿于三家子村西北的乌斯浑河西岸老道口附近的谷地之中。是夜，部队被日伪军发现。20 日凌晨，八位女战友等九人欲渡河时战斗打响，她与其他七名女战友在掩护部队突围后，因弹尽，一起投入波涛滚滚的乌斯浑河，壮烈殉国。时年 23 岁。

⊙→ **胡秀芝**

★★★★★

　　胡秀芝，中国共产党党员，班长。1918 年生于黑龙江省林口县刁翎镇马蹄村下马蹄屯（原马蹄沟口）。她个子高，长得

△ 胡秀芝

　　漂亮，出嫁后参加了抗联。马蹄沟口原只有几户人家居住，被日寇"并屯"制造无人区时烧毁。

　　胡秀芝是位久经锻炼的老战士。有一次她带着两名战士摸到敌人哨所前，用手榴弹炸毁了日寇据点。她因作战机智勇敢而闻名于抗联各军并受到周保中的表扬。

　　1938年7月随军西征。10月随西征部队返回刁翎根据地，19日晚露宿于三家子村西北的乌斯浑河西岸老道口附近的谷地之中。是夜，部队被日伪军发现。20日凌晨，八位女战友等九人欲渡河时战斗打响，她与其他七名女战友在掩护部队突围后，因弹尽，一起投入波涛滚滚的乌斯浑河，壮烈殉国。时年20岁。

→ 郭桂琴

★★★★★

郭桂琴，战士，1922 年生于黑龙江省勃利县，长女，乳名菊花，身高 1.55 米左右，瓜子脸，长得俊秀，天真活泼，能歌善舞，举止大方。母亲雷氏（是雷家长女），再次生育时病故，她便寄养在林口县刁翎镇四合村四合屯的外祖父雷春喜家，由外祖母（王氏）抚养长大。

1936 年春，因家贫难得温饱和不堪"亡国奴"之苦，她决然剪掉发辫投奔抗联五军。

△ 郭桂琴

因四合村是抗联"堡垒村"，在日寇"并村"制造无人区时被烧毁。

1938年春，经人介绍，与教导团分队长冯文礼定婚。

1938年7月随军西征。10月随西征部队返回刁翎根据地，19日晚露宿于三家子村西北的乌斯浑河西岸老道口附近的谷地之中。是夜，部队被日伪军发现。20日凌晨，八位女战友等九人欲渡河时战斗打响，她与其他七名女战友

在掩护部队突围后，因弹尽，一起投入波
涛滚滚的乌斯浑河，壮烈殉国。时年 16 岁。

→ 黄桂清

★★★★★

　　黄桂清，战士，1918 年生于黑龙江省
林口县刁翎镇四合村的合心屯（原南围子
河西）。长瓜脸，眼珠黑白分明，相貌俊俏，
身材窈窕，身高 1.50 米。

　　黄桂清的家是抗联"堡垒户"，家中
经常住着抗联战士。因不堪日寇的蹂躏奴
役，全家积极参加抗日斗争，黄桂清参加
了抗联五军，在妇女队中工作。她平时工
作积极，好学上进，作战勇敢。因她家的
屯子是支援抗日的"堡垒村"，在日伪军
残暴地实行"三光政策"（抢光、烧光和

△ 黄桂清

杀光)、制造无人区时,将黄家及全屯房子烧毁,黄桂清家人不知去向。

1938 年 7 月随军西征。10 月随西征部队返回刁翎根据地,19 日晚露宿于三家子村西北的乌斯浑河西岸老道口附近的谷地之中。是夜,部队被日伪军发现。20 日凌晨,八位女战友等九人欲渡河时战斗打响,她与其他七名女战友在掩护部队突围后,因弹尽,一起投入波涛滚滚的乌斯浑河,壮烈殉国。时年 20 岁。

→ 王惠民

✩ ★ ★ ★ ✩

王惠民，战士，1925 年生于黑龙江省林口县刁翎镇四合村的四合屯。圆脸，下中等个头，爱唱歌，爱说笑，活泼可爱。父亲外号"王皮袄"，是抗联五军军部军需副官。她家的房屋被日寇烧毁后，她和一群小弟弟小妹妹们跟着母亲到处躲避日寇汉奸的追捕。无奈，她 11 岁随父亲参加了抗联，随五军女兵队活动。不久她父亲英勇牺牲，在她幼小的心田里播下了对日寇和汉奸的极端仇恨的火种。她天真活泼，有一次队伍从敌人手里缴获一架留声机，打开唱了一段。她从来没见过这玩意儿，不知是怎么回事，两个眼睛瞪得溜溜圆，

△ 王惠民

不眨眼地看着。大伙哄她说："小王，这里边藏着个小姑娘在唱。"她围着留声机转来转去地找，又要拆开来看，逗得大家哈哈笑。

她虽然年龄小，但处处以大人模样做事，行军、打仗、送信样样争先，作战勇敢，工作中从不怕苦怕累，并上进好学。她经常给伤病员唱歌进行宣传。她最爱唱的歌是"日出东方分外红，曙光照满城，大家快觉醒，看看鬼子多奸凶，国家人民全叫它坑……"由于她声泪倾诉般的歌唱和奋勇果敢的精神，常常唱得伤员忘了疼痛，唱得爱国志士摩拳擦掌……使人们从这个活泼烂漫的少女身上，看到了中华民族的伟大灵魂，看到了抗联将士的伟大气质，看到了自己的革命志向和爱国责任。行军时大姐姐们抢着帮她背包、扛枪，她总是争着不让，和大家一样跋山涉水。有时一天走七八十里路，脚磨破了，疼得汗珠顺着脸往下淌。

问她"疼吗?""累吗?"她咬牙说"不疼!""不累!"可泪珠在眼角里滚着。大家称赞她说:"你真是个英雄的小姑娘!"她听了却像大人似的谦逊地说:"爸爸被鬼子打死了,妈妈和弟弟妹妹在家受罪,我是大女儿,我得快点儿把鬼子打走,好回家找妈妈和弟弟妹妹们。"

每到晚上睡觉,她就枕着徐云卿或冷云的胳膊依偎着进入梦乡。

1938年7月随军西征。10月随西征部队返回刁翎根据地,19日晚露宿于三家子村西北的乌斯浑河西岸老道口附近的谷地之中。是夜,部队被日伪军发现。20日凌晨,八位女战友等九人欲渡河时战斗打响,她与其他七位女战友在掩护部队突围后,因弹尽,一起投入波涛滚滚的乌斯浑河,壮烈殉国。年仅13岁。以后遗体被战友们找到,葬在乌斯浑河的河岸边。

李凤善

☆☆☆☆☆

　　李凤善，战士，朝鲜族，1918年生于黑龙江省林口县龙爪镇。身高1.60米，体胖且健壮。长得漂亮，能歌善舞。参军后，在妇女队工作。她好学上进，工作积极，是做服装的巧手。经常随队下连，为战士缝补衣服，受到战士们的赞扬。她意志坚定，作战勇敢。

　　1938年7月随军西征。10月随西征部队返回刁翎根据地，19日晚露宿于三家子村西北的乌斯浑河西岸老道口附近的谷地之中。是夜，部队被日伪军发现。20日凌晨欲渡河时战斗打响，她与其他七位女战友在掩护部队突围后，因弹尽，一起投入波涛滚滚的乌斯浑河，壮烈殉国。时年20岁。

八女成长过程，一目了然；虽未同日生，但能同殉国。

八女牺牲于黑龙江省林口县刁翎镇三家子村西北的柞木岗山东、乌斯浑河西岸老道口处的乌斯浑河中。

△ 李凤善

省	黑龙江省							
市	佳木斯市	牡丹江市						
县(市)	桦川县	林口县						穆棱市
镇	悦来镇	龙爪镇	莲花镇	刁翎镇				穆棱镇
村	冷云村		东兴村	四合村			马蹄村	三岔村
屯				河心屯	四合屯	四合屯	下马蹄屯	新安屯

年份

- 冷云 1915年
- 安顺福 1915年
- 李凤善 1918年
- 黄桂清 1918年
- 胡秀芝 1918年
- 杨贵珍 1920年
- 郭桂琴 1922年
- 王惠民 1925年

冷云：入学（1925年）；师范、停课、复课、入党（1930—）；毕业、教学结婚、参军结婚（1935年）；指导员（1938年10月20日）

李凤善：参军时间不详

杨贵珍：结婚、亡夫、参军、入党、结婚

黄桂清：参军时间不详

王惠民：参军

郭桂琴：参军

胡秀芝：结婚、参军、入党时间不详；参军

安顺福：儿童团、入团、入党；参军、结婚

1938年10月20日 八女殉国

	冷云	李凤善	杨贵珍	黄桂清	王惠民	郭桂琴	胡秀芝	安顺福
八女殉国	党员指导员	战士	党员班长	战士	战士	战士	党员班长	党员厂长

◁ 八女成长示意表

历史记忆

全国重点烈士纪念建筑物保护单位

八女投江烈士群雕

中华人民共和国国务院 一九八九年八月二十日批准

中华人民共和国民政部 一九八九年八月三十一日公布

牡丹江市人民政府 一九九一年八月一日立

→ 历史的定格

★★★★★

又讯,我五军关师长书范,于西南远征归抵刁翎。半月前,在三家方向拟渡过乌斯浑河,拂晓正渡之际,受日贼河东岸之伏兵袭击。高丽民族解放有深久革命历史之金世峰及妇女冷云(郑××)、杨贵珍等八人,悉行溺江捐躯。宝清有我联军第五军第三师八团一连激战日贼蒙古军之烈士山,乌斯浑河畔牡丹江岸将来应有烈女标芳。

周保中将军的上述日记,对八女投江的时间、地点、人物和简要经过作了权威的、第一时间的、史实性的历史记载和评价。

△ 周保中关于"八女投江"日记的手迹

→ 金日成的感动

★★★★★

　　北满游击队里的安顺福、李凤善等八名缝纫队员，同压缩包围圈、步步逼近的敌人打了殊死之战，最后眼看要被敌人逮捕，就一同投入江中，献出了正当芳年的宝贵生命。类似的事情，在东满的女队员中也有。有七名女队员在去奶头山的途中被敌人包围，在无法突围的情况下，毅然投进富尔和河，献出了青春。她们的壮烈牺牲，以新的传奇载入了抗日革命史册。有一年，我在访问中国的时候，看了描写牡丹江八烈女斗争事迹的电影，深受感动。

　　（编者注:《金日成回忆录与世纪同行》（7-8）176 页，郑万兴译，中国社会科学出版社 2001 年 6 月版）

战友情深

→ 带领八女过河

★★★★★

我原名叫金石峰（又叫世峰），现名金尚杰，中共党员，住在吉林市郊区大屯公社柳树屯大队，已经七十多岁了。参加革命较早，也算是老资格。1938年春天，东北抗日联军第二路军总指挥周保中同志，从宝清县七星河给我来信，让我去苏联学习。但抗联第五军政治部主任宋一夫却不叫我去，让我跟他们进行西征。当时我是五军一师师部的参谋。由于我在五军时间较长，军、师的领导干部和我都很熟悉，关系也较好。

大约是这年阴历五月间，我们第五军四百多人和第四军等部队共一千余人，按照第二路军总指挥部的指示，从刁翎县莲花泡出发，向五常、舒兰一带进行西征，目的是为了打破敌人的包围，开辟新的游击区，与在五常一带的抗联部队取得联系，更有力地打击敌人。

部队出发后，过了三道河子，又越过老爷岭几百里的深山密林，到达苇河县东北部的楼山镇附近。这里是敌人一个重要据点。部队领导对攻打楼山镇进行了研究和部署，原计划天不亮就打进去，但时间搞错了，天亮后我们才攻进楼山街里，敌人还睡觉呢。我们喊了不许动，要枪不要命，伪军警就都缴械投降了。我们得了两挺轻机枪，六十多支步枪和一大批给养。

攻打楼山胜利后，五军军长柴世荣率军部小队返回牡丹江地区。我们一师和二师及四军部队继续向前进。这时又打了一仗，后来过苇河，进入一面坡后沟大青川。在这里，五军政治部主任宋一夫思想动摇，携带部队活动经费三百元和一支匣枪逃跑投敌，成了可耻的叛徒。二师无人领导，统归一师师长关书范指挥。四军和五军已分开活动，五军队伍又继续前进。

在五常县的冲河沟里，我们与抗联第十军军长汪亚臣见面，召开了干部会议，讨论了今后军事活动等问题。在这里没住多久，又向五常方向进军，最后到了五常东南山里。这时因队伍一路作战和没有粮食吃，在五常山里又遭受敌人攻击，部队损失很大，有些人动摇溃散，只剩下一百多人了，武器也只有一挺轻机枪和一些步枪、短枪了，子弹也很少。

队伍在这里无法进行活动，师部领导经过研究决定，只得返回刁翎一带寻找五军军部。这时已是阴历七月间了。我们沿着来时路线经过冲河、苇河，由横道河子过铁道，奔海林县后沟。一路上没有粮食吃，就吃山韭菜、山梨、干蘑菇，还捡些干葡萄当盐吃，有时也扒树皮吃。白天怕敌人发现，不敢生火，等天黑了，才能生火烧点开水喝。大家的衣服都划破了，身体非常衰弱，但大家毫不动摇，坚决要找到军部，宁死也不投降。

我们走到柴河北佛塔密沟里时，已经快过八月节了。

从佛塔密又往北走，过了头道河子，在半砬子（应为半拉砬子——编者）截获敌人木营的三只船，我们坐船过了牡丹江。船上有些吃的，解决了队伍的部分饥饿。到了山东屯，群众对我们很热情，杀了一口猪招待我们，大家算吃上一顿饱饭。

然后继续往东北走，于阴历八月末到了刁翎县（现林口县）境内的徐家屯沟外。这天夜里，队伍宿营在刁翎河，即乌斯浑河西岸，当时以为叫刁翎河。夜里特别冷，大家点着篝火取暖。

第二天天没亮，师部下令准备过河。因为我会泅水，关师长命令我带领妇女团的八名女同志首先过河。当时女同志只有这八名了，我记得有冷云同志，她是中等个，短发，脸晒黑了，脸形是上窄下宽，有点胖（膀）；黄某某，小个，长得很俊俏，黄白净子，眼珠黑白分明；胡某某，高个儿，长得也很好看；安大姐是朝鲜族，小个儿，小眼睛，身体瘦，穆棱人，已经结婚。那四位，我记不起来了。当我们正要下河时，突然响起了密集的枪声，原来我们被敌人包围了。听枪声，敌人是在我们的后边，这样我们只得过河。当时，这条河还在涨水，河水很急，很宽，能有一百多米，河水又深又凉。当我游到对岸，已冻得要死，可是回头一看，八位女同志一个也没有过来，她们都牺牲在河里了。

　　当时包围我们的敌人是从后边来的，对面没有敌人，不然我是过不到河那边去的。我们的大队没有过河，他们可能顺着河边撤到西山上去了。又经过一阵激烈战斗，枪声由密渐渐稀了，直到完全平静。

　　这八位女同志是很坚强的，她们和男同志

一样战斗、行军，吃了很多苦。她们的革命精神是值得人们很好学习的。

（编者注：本文标题为编者所加。文章选自《八女投江文史辑》29页—32页。原文标题是《八女投江幸存者金石峰回忆录》。文章为东北烈士纪念馆副馆长温野同志于1962年8月17日和12月6日两次采访金尚杰（金石峰）同志的记录稿，重新整理于1986年3月17日。本文有删节。）

→ 寻找八女遗体

★★★★★

第一师到了喀上喀，子弹都没有了，吃的粮食、穿的衣服都没有。具体多少人，没印象了，很大一部分人。后来我们到那个地方（指八女抗击日寇的战场）。

我们在山上看，下面是后刁翎河，左右都是河，听说当时在那儿，上面也打，下面也打。在大山上调动不了兵，敌人布置好了那些个山头，打了一上午，八个女的不分散。前边也打，后边也打。关键时刻，冷云说：八个女的互相手拉手下河，咱们决不投降！（用手比划着）下河，会水的就活，不会水淹死也不投降！剩下一个人也要保住手中枪！敌人在岸的上边，八女在河边，就得下水。她们把吃的东西（萝卜）都甩了，手拉手下河啦！那年水大，8月涨水期，她们一个拽一个，八个女的跳下水了！

北方的树很怪，河边长柳树。水涨得快！她们下去河，晕了。叫水冲下去了，叫柳毛子挂住了。

晚上敌人撤走以后我们去检查，发现一个小丫头挂在柳树毛子上了，人死了。老柴（指柴世荣军长）知道了，第二天早晨说：今天上午什么也不干了，都拉上来！我们去埋的，扒的坟。（问：现在能找到吗？）这个位置能找到，能，在河边。（问：埋几位？）埋五位。（问：就地埋了？）就地埋了！（问：那三个没找到吗？）那三个没找到。（问：冷云在这五个人中吗？）冷云在这五个人中。

冷云这个人很勇敢，是教师，有文化，搞宣传工作很不错，妇女队指导员，我跟她相处得很好。楼山战斗后她们走了（指继续西征），我没走。我为什么没去？我跟老柴谈恋爱，留军部了。一同返回刁翎的还有王玉环、李素珍、黄桂英、谢桂珍等。

（编者注：本文为八女战友、原抗联五军军长柴世荣夫人胡真一口述。）

→ 徐云卿忆战友八女

★★★★★

1937 年的夏天，部队正在刁翎五道河一带活动，省委秘书处的同志领着一个女同志给我们介绍说："这是新给你们调来的文化教员冷云同志。"战士们听说来了文化教员，都跑来鼓掌欢迎。有的和冷云同志说话，有的就给冷云同志搭床。正在我们高兴的时候，忽然听到飞机的声音，接着四面响起了枪声和炸弹的爆炸声。冷云同志刚来，就遇上了战斗，不免有点慌张。

但是，过了不大一会儿，她也和大家一样，投入了战斗。

冷云同志是一个知识分子，入伍前，曾和爱人一块儿在党领导下做过较长时期的地下工作。入伍以后，由于工作的关系，我们在一块儿的时间不长，但她那种乐观、坚定和对同志们的无限关怀，却使我永远也不能忘记。

她参加部队不久，她的爱人周维仁同志就在战斗中牺牲了，但她并没有因悲痛而影响自己的情绪，相反却更加坚定起来。在密营的时候，我们给战士缝军服，冷云同志就在那里给部队编印宣传材料，负责密营内的文化学习。每天傍晚，她都拿着自己编的课本给我们上课。大家坐在山坡上，她站在中间讲解，用烧焦的树枝当笔，在剥掉皮的树干上写字。开始，我们写不好，她就把着手教。有时她就给我们讲故事。她有丰富的知识，她使我们懂得了许多过去听也没有听过的革命道理和科学知识。

小王是我们军部副官的女儿。妈妈带着她和一群小弟弟、小妹妹，家里生活很苦，还要常常带着他们躲避敌人的搜捕，因此，在她幼小的心里，就对鬼子有了强烈的仇恨。我记得，当我们部队到了她的家乡时，她正在和一群小孩子捉迷藏。看见我们，她就围上来要求带她去抗日。我们说："你太小了，不能干什么事！"她说："谁说我不能干，能帮妈抬水，做饭，哄妹妹。"我们说："那你就在家帮妈妈吧。"她说："不，我要去抗日！"她妈妈见她这样坚定，也帮她要求。就这样，我们从家里把她带出来了。

她才十二三岁，是个活泼天真的小孩子，可是却总想装大人，不愿意别人叫她小孩。记得有一年快过年的时候，我们从敌人手里得来一个留声机，我们打开它唱了一段，她两只眼睛瞪得溜溜圆，不转眼地看着。大伙哄她说："小王，里边有个小姑娘在唱。"她围着留声机转来转去找，一会儿又要拆开来找，逗得大伙哈哈笑。

小王参军不久，她的爸爸就牺牲了。仇恨使这个十二三岁的小姑娘变得更坚强了。

妇女在密营里缝制军服时，因她年纪太小，王玉环队长就让她去帮着做饭，有时也让她到卡子房或伤病院去送信。她一到医院，就给大家唱歌。她最爱唱的一支歌是："日出东方分外红，曙光照满城，大家快觉醒，看看鬼子多奸凶，国家人民全叫它坑。"这支歌，她不知唱过多少遍，唱得老乡、伪军流下眼泪，唱得伤员们忘了疼痛。多少人从这个孩子身上看到了我们民族的伟大气魄，也想到了自己的责任。

在部队里，大家都把她看成自己的小妹妹。行军时，抢着帮她背背包，帮她扛枪，可她总是争着不让。总像个老战士的样子，跟着大家一样跋山涉水，有时一天走八九十里路，脚磨破了，走起来一拐一拐，汗顺着额角往下流。可是你问她:"疼吗?"她总说:"不疼!"问她:"累吗?"她总说:"不累!"大家就表扬她说:"你真是个英雄的小姑娘!"她听了这个话,却像大人似的说:"爸爸被鬼子打死了,妈妈和弟弟妹妹在家受罪,我是大女儿,我还能耍熊!我得快点儿把鬼子打走,好回家找妈妈和弟妹们。"这就是她的愿望。一个十几岁的孩子,她已经把自己的命运和民族、国家的命运联在一起了。

小王在那灾难重重的年代里,虽然表现得那么坚强,但终究她还是个小孩子。自从她参军后,一直跟我睡在一起,每天夜里,她都要躺在我的怀里,枕着我的胳膊睡。开始远征前,就在我们将要离别的那个晚上,我开会很晚才回来,同志们都睡了,她还坐在那儿。我问她为什么还不睡,她说:"我睡不着。"我说:"你真是个小孩!"谁知道这一个离别的夜晚,竟成了我们永别的夜晚。

杨贵珍,这是我最熟悉的战友。当我在她的家乡,第一次看到她的时候,一种深厚的阶级感情就把我们联结在一起了。她参军以后,我们生活、学习、战斗又总在一块儿。共同的理想、共同的事业使我们更亲密了。她是童养媳，结婚不到一年就死了丈夫，受着公婆的压迫，小小的年纪，就尝尽了人间的辛酸。参军时，她不懂得什么革命、抗日，只是为了逃出家庭的牢笼，为了自己的解放。可是在部队里，她成长起来了。她很快地就由一个忍气吞声、听天由命、任人迫害的家庭妇女，变成了勇敢、坚强的革命战士。

离别的那一天，她拉着我的手，说了又说，谈了又谈，我们俩的话总像说不完似的。虽然都明白，因为工作的需要，我们要分开，但总抑制不住心里的难受，觉得难舍难分。最后，她拿出一件红色的毛线衣，递在我的手里。她含着眼泪说："你穿上吧，天很冷。"我一看这件毛衣正是她结婚时，她的爱人宁满昌同志送给她的。我怎么能要呢? 她一再坚持要我拿起。她说："就拿它作纪念吧! "我无法再推辞，就收下来。想不到这件毛线衣竟成了我们永别的纪念品，竟成了我们最珍贵的纪念品。我还记得我们离别时，她握着我的手说："你放心，我们再见面时，我一定无愧地伸出自己的手。"我们分别以后，我一直用她这句话鞭策自己，努力工作。想不到这句话也和那件毛衣一样，成了我们永别的赠言。

……

胡班长、小黄、小郭、安大姐、贵珍、小王、冷云和那位不知名的姐妹啊! 我再不能握到你们的手了。但是，你们那种勇敢坚强的战斗精神，你们那种赤胆忠心的英雄气魄，你们那种宁死不屈的革命意志，却真正是无愧于人民，无愧于祖国的。

现在，离开那时，已经二十一年了。二十一年来，我每当想起她们，就好像她们还活在我的面前，就好像有一股火一般的热力燃烧着我的心，鼓励着我，鞭策着我，更努力地为党、为人民工作。

牡丹江啊！牡丹江！你是八位女英雄的忠实见证。二十一年来，你日夜奔流。有时，你汹涌澎湃，卷着滔滔大浪，用你雄壮的歌声，为烈士的英勇事迹高唱；有时，你平静柔和，荡着轻轻的微波，又像在对烈士的英魂倾诉今天的美好景象！

亲爱的姐妹们啊！你们安息吧！

（编者注：此文标题为编者所加。文章选自徐云卿所著《英雄的姐妹》77页—80页。）

→ 杨贵珍参军

☆☆☆☆☆

　　我们部队经过了几天的行军，顺着滚滚的牡丹江，来到一个柳树成荫的村庄——小江沿的柳树河子。

　　当晚，我和妇女团的王玉环队长住到一个姓王的人家。这家的大哥、大嫂、大爷、大娘跟我们有说有笑。正在挺高兴唠扯着，忽然从里屋门探出一个人脸，两个大眼睛好奇地看着我们。我一看她，她马上缩回头去。我问大娘这是谁，她说是二儿子媳妇。我看这家里没有她二儿子，问到哪儿去了。大嫂看我硬要问出底来，便告诉我：二兄弟媳妇是守寡在家的。我和王队长听了，都挺同情那个年轻守寡的女人。便跟大娘说，让她出来见见。我们跟她见了礼，看她缩手缩脚地站在那儿，头也不敢抬，眼睛盯着地，看得最清的是她油黑的头发盘着个小疙瘩髻，上面插一朵戴孝的白花。我想：这朵花把她折磨成这个样子，难道人还不如这朵花？

晚上睡觉的时候，我跟王玉环队长说，把她带到队伍里来。王队长说这是好办法。可是我说让她明天就上咱妇女团，王队长却摇头说：不行。我不明白王队长是什么意思，就赌气说：行又不行，你打算咋的？她贴着我耳朵说：当前咱们是团结一切力量打鬼子，不能把她硬带走，得罪了她的婆家。接着，王队长让我多帮助这个人，她负责劝说王家让这个人参军。我想这也对，咱抗联做事就是光明磊落，偷着把她领走算啥事呢？以后的几天我找空就跟她唠，我还领她到江边去唠。

八月的傍晚，牡丹江上吹来冷飕飕的风，我和她在江边来回走着。

我问她："你这点儿年纪就死了丈夫，打算怎么办呢？"她看了看我，苦笑说："我？能由着我吗？我想守着，可是他们正合计着要把我卖了。"

我使劲儿地捏着她的手，对她说："别怕，你跟我们走，上咱抗联妇女团吧。"

她猛地抽出自己的手，惊讶地说一声："我？"随后，她就用大眼睛盯住我，好像问我是不是说错了。

我拉回她的手，对她说："是呀，是你！"她看了看自己那身破旧的衣裳，摇了摇头，又苦笑着对我说："像我这样的还能上抗联？"

我对她说："能，能，一定能！我们抗联妇女团，全是穷人和在家受气的女人。"接着，我跟她讲了妇女团是干什么的，和妇女团内部的一些情况。

待了一会儿，她忽然把脸转向我，眼里闪出一种光辉："真的？"我连连回答："真的，真的！"我问她："你娘家都有什么人？"她说："有爸爸、妈妈、弟弟……"不知为什么，她忽然停下不说了，看她这样子，我没有再问下去。待了一会儿，她突然问我："你们能要我，他们也不能让我去。"说完，她捂着脸哭了起来。我知道，她说的他们是指她婆家。我告诉她，我们一定会帮助她。我还告诉她，我们不是叫她偷着跑，是要说服她婆家，还要叫乡亲们鼓掌送她走。

她听了我的话，对我说："可我是用四五担苞米卖给人家的，妈把苞米都吃了。"我说："那有什么，五担苞米就能挡住我们去抗日？你别怕，我们说领你走，就一定领你走。"她看了看我，用袖头擦了擦眼睛。

晚上，我和她睡在一铺炕上，她整夜都在翻身，一点儿也没睡。她怎么能睡着呢？她本来对自己以后的生活没啥指望了，突然，自由的希望在她眼前闪光！

待了不久，我们要离开这里去三道通。军部指示这次不把她带走。由于她的家庭问题还需要由地方政府解决。

临走那天早晨，我正要去找她，她忽然跑到我跟前对我说："姐姐，带我走吧！"她乞求着。

看到她这样，我的心里很难过。我一时没有勇气把军部的指示告诉她了。我们这样子待了一阵，对她说："好好等着，我们很快就会回来接你。"当时，她的脸又变得非常阴沉，用牙咬着嘴唇，含着眼泪看着我，像有许多话要对我说，可她的嘴唇颤抖了几下，什么也没有说出。我们要出发了，我叫她回去。她的腿像叫什么绊住似的，慢慢地往后退着，眼睛直盯着我们。

离开柳树河子不久，我又有几次随着军部来到这个村庄。在这里，我们帮助老乡收割、打场，跟他们谈心。晚上常常开军民大会，唱歌、跳舞、讲话，向老乡们进行抗日救国的宣传。每到一次，我都恨不能一下子看见她。见了她，我们就亲热地唠起来了，没完没了的。每次离别时，我总觉得有许多话还没跟她说完。她也跟我一样，唠起来就没个完。她告诉我，她以前总觉得她的苦是没头的，她总想死。还告诉我，她的公婆怎样打骂她，她多想快一点儿跟我们走……我们成了很好的姐妹，一离开几天，我就非常想她。可是，尽管我们这样好，我每次问到她的娘家，她都是吞吞吐吐地不肯说，而且，一提这，她就好像挺难受。这就引起了我的怀疑。后来，我从别的乡亲那里知道，她娘家姓杨，在江那沿。有一次我到江那沿去办点事，顺便到她娘家看看。这时，我才明白了她不说的原因。我也因为他娘家的不幸而更同情、更爱她了。可既然她不愿让人知道，我也就没提起这件事。

十一月，牡丹江已经结上了冰碴，我们又来到了柳树河子村，并准备这次把她带走。

晚上，村中的大场院上火光熊熊，支援抗日的军民大会就在这儿举行。我们军部罗主任讲了话，老乡代表也讲了话。一会儿，报名参军抗日就开始了，母亲领着儿子，妻子拥着丈夫，一个接着一个挤过来报名参军。会场上响起一阵接一阵的热烈掌声。

我焦急地看着她，看到她急得脸都涨红了。她猛地站起来说："我也要抗日，我没有丈夫，家里没有什么扔不开的……"我使劲儿地鼓掌，也没听清她以后又说了些什么。

第二天，她脱下了破旧的衣服，穿上了新军装。她乐得摸摸这儿，看看那儿。当她戴军帽时，发现脑后还有个疙瘩髻。她大声地叫了起来："啊呀，快给我剪掉吧，我可不要它了。"她喊着就用手抓开那梳得很规整的疙瘩髻。这时，妇女团的崔顺善同志从背兜里掏出剪刀一下子给她剪掉了。

　　队伍集合要离开村子时，许多老人、年轻人、孩子都围上来。人们看着她，说她变样了，嘱咐她好好地干，不能常回来也要常捎信来。队伍都走了，大家还拉着她的衣襟不放，她含着热泪跟乡亲告别后，随着队伍一齐向前走去。

　　（编者注：此文标题为编者所加。文章选自徐云卿所著《英雄的姐妹》99页—102页。）

→ 忘记过去就是背叛

★★★★★

1935 年我 15 岁，参加了抗联五军，在军部当传令兵。

由于年龄小，不能直接参加战斗，领导把我们这些年龄不足 17 岁的少年，编成第二教导队，学习文化、军事知识，跟着战士们观摩战斗，体验生活，锻炼意志，增强抗战必胜的信念，坚定为抗日胜利不怕流血牺牲的精神。我在入伍前，有三年的私塾功底，我成为文化学习的小教员。

1937 年深秋，我被特批加入党组织，随后去苏联学习无线电技术。1938 年初我回国后，仍然给宋一夫当警卫员，并携带电台。我们五军二师与四军一起向刁翎集结，然后向五常远征。

我们从宝清大叶子沟出发，四军的几位女兵也一同远征。为避开敌人的围追堵截，我们经饶河、密山到勃利，再到林口县的四道河子密营，最后到了莲花泡密营。西征部队在这儿集结后开始出发。计划与抗联十军会合后再向通化进军，与杨靖宇建立联系，再与关内的八路军、党中央取得联系。

7月2日我们从莲花泡出发，晚上攻下了三道通伪警察分署，得到些补充。在四道河子密营会齐了后勤人员和妇女团。四军的安顺福等几位女兵与五军的妇女团二十五六人合在一起，约有三十多人。我这时认识了安顺福。我与五军的两个妇女队的女兵都非常熟悉，我给她们上过文化课，与她们经常见面，有时还在一起活动。这时她们与男战士一样，踏上了远征的征途。

为了给养，我们打下楼山镇暴露了目标和计划，大批的敌人从四面八方向我们包围。我们从冬雪未化尽时出发，到苞米灌浆，始终在山里转，绿荫蔽天，与敌人在林中周旋。那年夏秋多雨，我们没有防雨水的工具，整天始终是浑身湿淋淋的，全靠自身的体温把衣服烘干。天天行军、打仗。休息、睡觉背靠大树干。每天早上，敌人的好几架飞机来到我们可能活动的区域上空侦察，发现人踪、烟火，即行轰炸，或撒传单，敦促我们投降。我们很少吃过饭菜，喝过开水，基本是野菜、野果充饥填腹。我们面对着常人难以想象的困难，以顽强的毅力坚持，向预定的目标前进。女同志的艰难更是可想而知了。

楼山镇战斗后，部队分开行动。妇女团有王玉环、胡真一等十来人跟随柴军长返回刁翎根据地。其余二十余人继续随五军一师西征。从这分别后，与她们再没有见过面。

我们先后攻占楼山、大石龙、小石龙、二道冲河、老街基、龙王庙、小山子、石庙、棒槌沟、沙河子。在这期间，意志不坚定者叛逃了，加之战斗伤亡、掉队的，人越走越少。最后，我的身边只剩五十余人，没有了领导指示我们的行动。大家集体讨论，多数人同意返回老根据地，寻找军部，我们决定分散活动。当走到尚志老街基时，我身旁只有一人，我俩暂时隐居在老乡家。

上世纪 50 年代末，我才知道八女投江的事。妇女团的那些女战士的音容笑貌时常在我脑海中闪现。特别是郭桂琴，她是经徐云卿介绍的我的对象，遗憾的是，她赠给我的手套和手绢在频繁的战斗中没有保存下来；她上中等个，圆脸，有点瓜子脸型，长得漂亮，歌唱得好。杨贵珍是我当代理指导员时的宁满昌连长的妻子，我非常熟悉她，她矮个儿、鸭蛋脸。李凤善，朝鲜族人，中等个儿，尖下颏，好说笑，长得漂亮。安顺福，朝鲜族人，四军被服厂厂长，是四军四团团长朴德山（后牺牲）的夫人，中等个儿，比较胖，方脸型。黄桂清细高个，比较瘦，爱唱歌。胡秀芝中等个儿，圆瓜子脸型，长得漂亮。王惠民岁数最小，圆脸，就像个孩子，活泼好动。冷云中等个儿，老实，不太爱说话。

回忆抗联历程，血染征袍，火烤胸前暖，风吹背后寒，吃树皮，啃草根习以为常。道上死，雪里埋，秫秸垛是灵头幡，狗肚子是棺材，不知牺牲了多少不知名的英雄、战友。他们在民族危亡之际流血牺牲，是为了驱日寇，掳强奴，复东北，救中华，解救人民于苦海，终于换来了今天的幸福生活。

我参加抗联，尽了一份我人生的历史责任。同时告诫年轻人，勿忘国耻。忘记过去，就是背叛，请珍惜今天的幸福生活吧！别忘了死去的烈士们，他们也更知道生命的宝贵；他们为了后人的幸福，无私地奉献了青春和生命。

（编者注：本文为八女战友冯文礼口述，赵海龙整理。选自《八女投江史实考》12-15页。文章有删节。）

深情告慰

八女投江

邓颖超
一九八四年

回忆女儿杨贵珍

★★★★★

　　我是杨贵珍的父亲，我们家原住林口县东柳树河子屯（现名东兴村）。杨贵珍是我的大女儿，在家时没有大名，杨贵珍是参加抗联后起的名。她是民国九年（1920年）阴历十月生，亲娘姓赵，由于从小没有母亲，她十来岁就在家做饭，管理家务，很能干活。她的长相：小个儿，团脸，大眼睛，白白净净，双眼皮，挺好看，太阳穴上有个疤。她好说好笑，很老实。

　　1936年她17岁，阴历二月出嫁，婆家就住在本屯，她男人名叫杨国清。当年阴历八月，她男人就有病死了。婆家人多，老公公嘴不好，经常骂她，她受了很多气，吃了不少苦。后来婆家还要卖她，她整天愁眉苦脸。

就在这年冬天，抗日联军第五军来到柳树河子一带活动。五军妇女团的女同志做宣传工作，和她处得很好，徐云卿、陈玉华等姑娘们和她拜了干姐妹，劝她参加抗联，她自己也很愿意参加。这样，在当年阴历十一月间，她就参加了抗联五军妇女团，跟部队走了。

后来我又见到过五军军长柴世荣，和他说想叫我女儿回来，但杨贵珍自己不愿意回来，就继续留在队伍里，以后她的情况我就不知道了。她牺牲的消息是过了好多年才听说的。你们这次来，我才知道她参加了八女投江，她死得值得，有骨气。

（编者注：本文为林口县莲花镇东兴村杨贵珍父亲杨景春口述，温野整理。文章选自《八女投江文史辑》61页。）

→ 回忆妹妹冷云

★★★★★

伪满时我们家住在桦川县悦来镇，父亲郑庆云种地，在镇子上卖小菜，母亲谷氏。我年轻时在外住买卖（当店员、售货员），我们姊弟仨：大姐姐属兔比我大三岁，早就出嫁了，后来被警察勾结歹徒图财给谋害死了；我比小妹妹郑志民（即冷云）大九岁。

1915 年是兔年，郑志民（冷云）小妹妹诞生了。她小时候的名字叫郑香芝，性格好，好说好笑，忠厚老实，刚强不哭，对老人和兄长孝敬，是母亲最疼爱的人。

1925 年春，她 10 岁时上了悦来镇北门里两级小学校读书。有一次，因为画画儿，被姓何的先生把小手打肿了，手背也出了血，但她没有哭一声，回家也常背着手，不让父母和我看见。她刚强的性格，待人和气的态度，和聪明好学、爱劳动的习惯，很当家里人的意。她和嫂嫂张淑云处得最好，从来没闹过红脸，放学回来常帮嫂子做饭、刷碗及洗衣服等。

由于家里贫困，她在小学念书时就由父母主持跟同学孙翰琪家订了婚。

1931年，她考上了佳木斯街的桦川县立女子师范学校，起名叫郑致民（志民），跟董仙

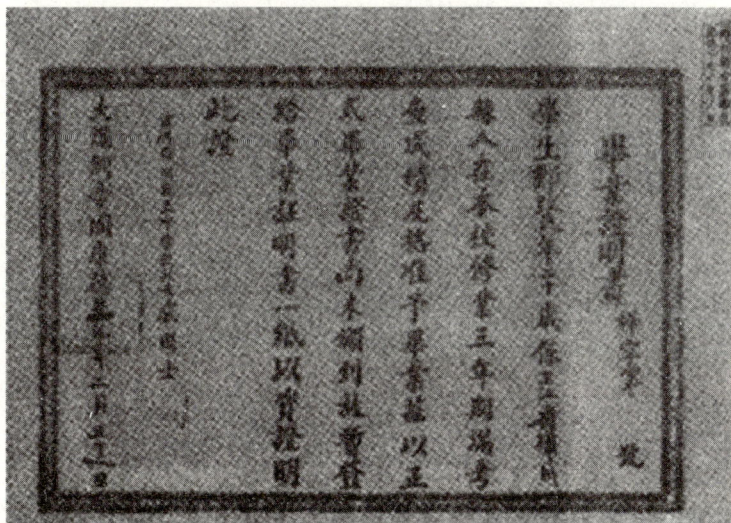

△ 这是郑殿臣献出的冷云遗物之一——冷云的毕业证书。证书右上角印有"桦川县公署讫康德四年7月28日"字样，清楚地记载了她投笔从戎的准确时间。

桥老师念书。日本人来后，停过学。后来又男女合校到桦川县中学师范班读书。在 1935 年（伪满康德二年）12 月末毕业，回到悦来镇南门里小学校教书。

她因为未婚夫孙翰琪小学毕业就去当了伪满警察，很不满，常跟母亲叨咕："警察的脖子安不牢，日本话不用学，再呆二年用不着。"所以闹着要退婚。

1936 年 1、2 月份，她毕业后回悦来镇不久，春节前无奈她才与孙翰琪结了婚。

这期间，她经常和董杰（原名董若坤），还有董杰的两个姨娘，她们常在一起跳舞唱歌，很好看。我妹妹还自己做支笛子，吹得很好听。

日本人也来翻过她的书箱子。

后来，孙翰琪调到富锦去了。

第二年（1937 年）秋，她说去富锦就走了。以后孙翰琪来我家要人闹了一阵，我家给出了离婚手续，他又娶了媳妇，才算了事。

郑志民走后，街上人说她跟一个男人跑了。再就没有信了。只有董杰（当时叫董若坤）还常来我家看看我的老妈妈。

解放后，董仙桥回来佳木斯市当副市长时，我们才知道我小妹妹郑志民到了抗联，八女投江牺牲的冷云烈士就是她。

过去，东北烈士纪念馆也来过人，还拿走过东西和照片。

这些东西（指现在捐献出的烈士遗像遗物），我们留作纪念的，没给他们。

你们林口县的同志来过我们家六七趟了，还买东西表示慰问，我很高兴，愿意把我小妹妹冷云（郑志民）的遗物献给你们保存好啊，放心啊。

冷云（郑志民）烈士永垂不朽！

（编者注：本文选自《八女投江文史辑》33页—34页。本文为冷云哥哥郑殿臣口述，徐文芳整理。）

→ 四合村的骄傲

★★★★★

我们这个村子是民国年间建立的，原名叫刁翎的河西屯，解放后改名四合子村等。我是民国十三年（1924）在这里生的，一直在这里生长和劳动到现在，经历了民国、伪满洲国、光复初闹中央胡子、建立人民民主政权和中华人民共和国诞生。我从小是放牛娃，解放后开始在村政府工作，后来一直担任大队党支部书记。

回想起抗日战争期间的事，我们这个村子有很多可歌可泣的英雄人物和事迹可讲。……单说说我们了解的抗联八女投江中的郭桂琴和王惠民两位烈士的情况：

我们是邻居，孩提时就经常在一起采野菜放猪放羊放牛，都熟悉。我清清楚楚地记得在我 12 岁那年（1936）农历七月二十二日，日本鬼子来搞归大屯，在这一带打过仗，烧了不少房子。郭桂琴，乳名叫菊花，比我大三岁（1921 年生），那年她大概是 15 岁吧，长得个头儿约有 1.40 米上下，瓜子脸，留着长长的辫子，挺俊的。她妈妈早就死了，寄居在姥姥家。姥姥家当时也很穷，她常穿着带补丁的衣服。她性格挺大方的，很活泼，爱说爱笑，又爱唱民间小调和扭个秧歌什么的，因此我们都喜欢跟她在一起。她也愿意和大伙儿在一起欢欢乐乐劳动和生活。

我记得这年农历五月份（公历是 6 月下旬至 7 月中旬）的一天，我去她们家玩儿，看见抗联五军的一位王连长和一名女战士，正在跟郭菊花和姥姥俩讲些什么。见郭姐用剪子把长长的发辫剪掉了，和姥姥在哭泣，并且在小声喃喃诉说着什么。

我正在发愣，只听那位王连长诚恳地劝说道："哭什么? 走好。省得鬼子来闹，不把鬼子打出去，能过上太平日子吗? "那位女兵也劝老雷太太。啊，原来郭姐要去参加抗联队伍了。她当抗联以后，还回来探望她姥姥哩。

伪康德五年（1938）秋，听说郭桂琴也牺牲在三家子下边的乌斯浑河里。老雷太太直至解放后，时常到河边默默地落泪。

再说说王惠民，她是抗联五军王副官的闺女，她爹外号叫王皮袄。王惠民是小中等个头儿，爱说爱闹爱唱，能吃苦能干活。她家姊妹弟弟一大帮，房子被日本鬼子给烧了，到处搬家。她家里常有男女抗联人员来往。后来听说她跟爸爸上山打鬼子去了，也牺牲在乌斯浑河里。她和我伴大般小，走的那年不过也就十一二岁罢了。她有姨姨，文化大革命前还住在四合屯子里，经常叨念要查找，后来搬走了。

我那时也差点儿跟于为老汉上山去当抗联。老于头是抗联副官，经常对我们讲打鬼子的故事，他时常来往于古城镇北的马鹿沟和刁翎一带，组织我们（包括小孩）到刁翎街上买东西，集中起来送给山上的抗联队伍。托我们小孩子买的东西有胶皮鞋、皮帽子等。

1962年，哈尔滨的东北烈士纪念馆来了一伙人调查八女投江的事，我们屯子里的人都知道，我也说过。

这小锅盔山南坡顶上，有当年抗联密营，有个秘密石洞。

（编者注：本文标题为编者所加，文章选自《八女投江文史辑》第78页—80页。文章为王连才口述，徐文芳整理。王连才是林口县刁翎镇四合村土改老干部，多任党支部书记。本文有删节。）

→ 冷云的情怀

★★★★★

因冷云的曲折身世，过去在"左"的政治思想禁锢下不便公开写明，恐影响英烈的崇高形象。拨乱反正后，感到她的身世更能说明为了革命不惜牺牲个人利益，更显示其高尚的情操。今在这里将过去未全面公开于世的冷云个人身世写出来，对后人也是有教育意义的。

立志为民　坚定信心

冷云，乳名郑香芝，1915 年出生于黑龙江省桦川县悦来镇一户贫苦勤劳的市民家里。自幼天真活泼，聪颖刚毅，更是心灵手巧，女孩喜欢的描龙画凤、剪纸绣花等细致的手工和针线活，她都学得很娴熟，而男孩子们奔放激烈的活动也少不了她，这时家里人和邻居们又都说她像一个假小子。她10岁进入悦来镇北门里两级小学读书，学习努力认真。一次因为未按老师的意图画画，老师责问她时又敢于顶嘴，被老师打了手板，手心手背都肿了，但她很倔强，没有哭一声，回家也背着手不让家人看见，照样帮助嫂子刷碗洗衣。

△ 1936年夏冷云于悦来镇小学任教时留影

旧社会少男少女的共同命运，郑香芝也是躲不过的，就在她念小学时由父母包办与邻居孙家的儿子订了婚，她的未来丈夫名叫孙翰琪，也是她的小学同学，这给正在成长中的香芝纯洁美好的心灵罩上一层淡淡的烦云愁雾，也给她以后的生活带来了不幸。

在她16岁的那年春天，她以优异的成绩

考入设在佳木斯街里的桦川县立女子师范学校，这所学校只有一个班，有女学生三十余人。当时学校里有两位进步教师徐子良和董仙桥，他们都是在关内求学的大学毕业生，受过大革命的影响，接触到马克思主义和新文化思想。他们在每周周会课上，有意地向学生宣讲孙中山的三民主义；在讲国文课时，也讲新文化运动和反帝反封建的革命精神。这在封建军阀统治的东北边远县城是十分新鲜的思想，犹如春风吹拂着闭塞的女学生的心房，郑香芝非常惊奇，她完全被吸引住了。她和同班好友高明世、范淑杰都有着共同的渴求新思想的愿望，她们经常在一起谈论老师讲的政治大事，主动去向两位老师请教，越来越关心祖国的兴衰和时局的动态。当老师们讲到日本帝国主义正在加紧侵略中国东北，朝鲜亡国的悲惨情景很可能在中国重演，同学们一定要珍惜时间，努力学习，好为振兴国家、抵御外辱而贡献力量时，同学们个个义愤填膺，痛斥日本帝国主义的侵略阴谋，赞颂朝鲜爱国志士安重根刺杀日本前首相伊藤博文而壮烈殉国的义举。郑香芝非常激动、振奋，她决心效法秋瑾等巾帼英雄，为中国的独立强盛而贡献自己的力量。为此，她庄严地把自己的名字改为郑致民（有时也写成志民）。

每到星期天，郑致民和高明世、范淑杰等同学就到住在佳木斯西门外的董老师家里做客，董师娘李淑云也思想进步，待人热情诚恳，对她们启发教育很大。郑致民非常好学，她站在董老师的书橱前全神贯注地翻阅书籍，对唐诗尤其喜爱，作文中经常引用名人诗句，或作为箴言赠送女友。

不久，果然爆发了日本帝国主义武装侵略我国东北的九·一八事变。桦川县城镇各界爱国群众，怀着无比的义愤，纷纷集会游行，揭露和抗议日本的侵略罪行。郑致民更是仇恨满腔，她一面积极参加抗日宣传活动，一面计划着去投奔在佳木斯附近活动的李杜等抗日义勇军，但因是女孩子，无人介绍，没有去成。

1932年5月，日本侵略军的炮舰顺松花江开进佳木斯，当地中国守军不战自溃，地方官府也随之解体，桦川女师被迫停课，学生大部分四散回家。郑致民临走时又到董老师家，进行了长时间的谈话，心中充满着无限的忧愤。董老师对她进行一些安慰和教导，劝她不要因失学而痛苦，要振作起来，回家去多看一些有意义的书报，注意观察时局的动向。郑致民怀着依依的惜别之情，离开了董老师，回到家乡悦来镇以观形势的变化。

由于国民党蒋介石采取不抵抗政策，把东北的大好河山拱手送给了日本强盗，设在佳木斯的桦川县也很快被敌人占领。1933年建立起伪县公署，由日本参事官宾韦卓次执掌统治大权。为了美化日伪的反动统治，宣扬他们的王道乐土，对中国人进行奴化教育，伪县公署下令各学校复课。郑致民接到董老师的通知，又回到女师继续就读。

日伪在学校的反动统治，激起了广大师生的强烈不满，董老师等以秘密曲折的形式，继续向学生们宣传爱国思想，激励大家的爱国热忱。郑致民思想敏锐，爱国思想强烈，经常在同学中进行抗日救国思想的宣传鼓动工作，她和高明世等在同学中自发地树立起较高的威信。

当年秋天，桦川县立男女两个师范学校合并于桦川县立中学，改为师范班。郑致民和高明世、范淑杰三人在班里很活跃，敢于表露对日伪统治的憎恨，被同学们赞为"女师三杰"。

这时，董老师等秘密加入了中国共产党，同时建立起中共佳木斯西门外地下党小组，1934 年改组为党支部（随着党组织的不断发展壮大，1936 年又正式成立了中共佳木斯市委）。地下党组织的建立，使原先自发的一些抗日救国活动有了明确的政治方向，有了统一的领导。党组织也有计划有目标地培养和发展一些思想进步的爱国学生入党。

1934 年夏天，中共佳木斯西门外支部研究决定，首先发展女师学生高明世入党。而高明世和郑致民一起来到董老师家，同时要求加入中国共产党。因当时正式党员比较少，组织经研究决定，先由董仙桥和他的妻子李淑云介绍高明世入党，接着再由高明世和董仙桥介绍郑致民入党，同时举行入党宣誓。董老师代表党组织向高明世、郑致民讲了当前党的斗争路线方针，要求她们在保守党的机密的同时，大胆热情地向群众进行宣传教育工作。不久，郑致民和高明世又介绍同学范淑杰入了党，并由她们三人组成了第一个女生党小组，在学生中秘密开展抗日活动。

郑致民多才多艺，性格开朗，温文大方，善说笑话和表演，经常逗得同学们哈哈大笑。同学们说她是一身兼有男子汉和闺秀两种美德。她尤其喜爱音乐美术，会吹口琴、弹风琴等乐器，也能演奏长箫短笛，不仅能翩翩起舞，还是网球、篮球场上的健将。这些都和她努力学习分不开，她决心做一名全面发展的标准教师。

1935 年秋天，师范班学生进行毕业实习。由讲教育学的董老师带队，日本视学官中古监视，去奉天（即沈阳市）师范学校和几个小学参观。当时正是日寇发动侵略东北制造的九·一八事变四周年，她们来到九·一八事变发生地沈阳，触景生情，引起她多少的亡国之恨。她借着当时街上流行的湖南凤阳花鼓戏的词曲，稍加改动几个字，在回旅店用餐的饭桌上，用碗筷作乐器，向同学们演唱时揭露日伪的黑暗统治，抒发愤懑之情。她悲愤地唱道："说奉阳道奉阳（将原词凤阳改为奉天和沈阳的合词），奉阳本是好地方，自从出了土皇帝（原为朱皇帝，土字暗指伪皇帝溥仪），十年倒有九年荒，大户人家卖田地，小户人家卖儿郎，我家没有儿郎卖，身背花鼓走他乡……"

同学们都被郑致民的深情演唱所感动，也操起餐具，敲打桌凳随和唱起来，大家的心头涌起反满抗日的怒涛，激愤得泪流双颊。就在这时，日本视学官中古前来制止，郑致民和同学们对他冷眼相视。

毕业实习结束后回到佳木斯，年末，郑致民领取了毕业证书，结束了三年的师范学生生活，被分配回悦来镇任小学教师。临行前，郑致民除与党员同志和好友高明世、范淑杰、董若坤等合影留念外，还自己单独怀抱厚厚的精装《全唐诗》，手持花束拍了一张照片，表明她对未来的斗争生活充满了美好的胜利信心。这些照片有幸由她的同学保存了下来，成为极其珍贵的革命文物。

忍耐痛苦　挣脱羁绊

1936 年初，郑致民回到悦来镇，到南门里初级小学（现已改名为冷云小学）任教，这时笼罩在郑致民心上的阴影越来越重，父母在她小时候种下的苦果现在却要她来吞咽。她和未婚夫孙翰琪没有感情，而且孙翰琪小学毕业后就考上了伪警察，同时沾染了吃喝嫖赌、欺压百姓等恶习。郑致民这位具有强烈抗日救国思想的共产党员，怎能与一个没有共同理想、语言的敌对分子结合在一起！为此，她还在学校读书时，就经常对母亲说："警察的脖子安不牢，日本话不用学，再呆二年用不着……"多次闹着退婚，但守旧意识浓厚的父母怎能理解女儿的痛苦心情，怎能去触动几千年传下的封建旧习，同时惧怕孙家的权势，说什么也不应允。孙翰琪也常到佳木斯桦川中学纠缠郑致民要求结婚，当时她以等待毕业为托词进行拒绝，而现在她毕业了，孙家又来催逼结婚，她还有什么理由推托呢。

万般无奈，她只好再去佳木斯，向最了解和器重她的老师、中共地下市委书记董仙桥和师娘李淑云（市委机要秘书）倾诉自己的愁肠，要求党组织送她去参加抗联队伍，以摆脱这门不幸的婚姻。

董老师夫妇对她的痛苦很理解和同情，她的要求也很正当，完全应该支持、帮助她摆脱苦闷，追求应得的幸福。但考虑到当时的斗争形势，日寇对我党领导的抗日斗争特别注意，严密监视，而且根据以前的教训，送走过几个学生已引起敌人的怀疑，曾向学校进行调查。这次她再逃婚而走，很可能暴露组织，造成更大的损失。为此，董仙桥召开了党的组织会议，研究了这件事，决定还是规劝郑致民，要以抗日斗争事业大局为重，个人的苦乐要服从革命斗争的需要。董老师代表党组织诚恳耐心地对她说："组织不同意你现在走，那样容易使组织暴露，组织要求你先和孙翰琪结婚，这样你可以向他做工作，争取他转到我们这边来。你要以夫妻关系帮助他，这正是个机会，不然我们还要向敌伪人员做工作呢，你这样进行工作会更方便些。如果成功，你们便可以成为夫妻式的同志，同志式的夫妻，对我们的抗日工作有利，你们的关系搞好了，对你们自己不是也很好吗！……"

　　郑致民听后思索半晌，虽然内心仍不同意，

但别无对策，只得接受组织意见，服从党的决定，回到悦来镇，于 1936 年 1 月中旬和孙翰琪结了婚。

郑致民上任后，担任二年级班主任，由于她知识面宽和教学能力强，她一个人包揽了算术、语文、图画、音乐和体育全套课程。尽管日伪统治学校施行打骂体罚等教育方式，但郑致民却从来不使用，她总是谆谆教导，耐心帮助，对学习差的学生把着手一笔一画地教，她一面用孟母教育儿子努力学习的故事鼓励学生们用功学习，将来成为对国家有用的人才，一面又通过讲岳飞、杨家将等爱国英雄抗击外族入侵的故事，教育学生热爱祖国，仇视日寇和汉奸。这年夏天，她带领本班学生去佳木斯参加全县小学运动会，由她编导，学生们演出了歌舞《燕双飞》，其歌词为：

燕双飞，画槛人静晚风吹；
只记得，去年巷风景依稀，
绿扶庭院，细雨润花花枝翠。

雕梁沉，冷籍人梦燕未归；
且衔得，草青泥重筑新巢，
捧垂危姿，其香隐约引人醉。

楼台静，烟云缭绕燕双归；

流当速，青春即逝何时回！

风雨逐阳，杜宇声声催人泪，

燕双飞，燕双飞，风暴雨狂难阻归！

这首歌舞词蕴含着她忧国忧民，渴望早日挣脱不幸婚姻的羁绊，奔赴抗日武装斗争战场的无限深情，抒发了她的勇于迎接暴风雨的激越情怀。

当时悦来镇也建立了地下党支部，支部设在北门里两级小学校，支部书记是郑致民的同学马成林，党员有四人，其中有郑致民和董若坤（董仙桥的女儿）。党组织秘密开展抗日救国活动，要求党员有意识地接近周围的教员和学生，了解他们的心理动态，有目的地启发他们觉悟起来，激励他们积极参加抗日救国斗争。也要特别小心地与伪警、宪、特子弟接触，利用他们掩护抗日活动，并千方百计地从他们中间得到日伪情报。经过一段时间，了解到与董若坤同在北门里小学任教的青年男教师吉乃臣的情况，他父亲是伪保长，他本人却比较正派，有爱国忧民思想，痛恨日本侵略者和汉奸走狗，有时在学校办公室等公开场合，敢于拍案大骂敌人。他对父母包办的婚姻也非常不满。

这是个可以争取的对象,党支部决定让郑致民去接触他,和他交朋友,对他进行启发教育,争取和利用他搞到敌伪的真实情报。郑致民和吉乃臣是邻居,上下班经常见面,接触比较方便。郑致民接受了支部的安排,有意识地主动接近吉乃臣。开始由董若坤介绍郑致民与吉乃臣相识,一起下棋打网球。两个人熟识后,郑致民就单独和吉乃臣来往,一起唱歌,吹口琴、笛子,有时也一块儿吃饭,相处十分密切。通过吉乃臣,郑致民了解到许多日伪情报,及时转送给抗联队伍,对应付日寇的军事讨伐起到重要作用。1937年春天,得知悦来镇的伪警察要跟日本守备队去鹤岗一带讨伐抗联,郑致民及时向组织报告,把情报送给抗联独立师部队。我抗联趁敌人内部兵力空虚,连夜袭击了悦来镇,打开德增盛等奸商店铺,获得大批军需物资,然后顺利撤走。

郑致民与孙翰琪结婚后,逐步对他进行思想工作,组织上也教给她一些办法。特别要注意不能暴露身份,尽量以夫妻关系团结他、劝勉他。先劝他不要吸鸦片烟,戒赌忌嫖,说明这些都是为他好。然后再进一步劝他不要打骂老百姓和敲诈勒索等等,不能性急,要忍耐,慢慢使他醒悟进步,待这些都成功了,再谈抗日救国的政治问题。谈话时只能以妻子劝说的口吻,不能用政治术语,以免暴露,并要经常向组织汇报，以便研究对策。

郑致民按照党组织的指示，忍受着没有夫妻感情的痛苦心情，尽量对孙翰琪体贴温存，做到一个好妻子对丈夫应做的一切，同时慢慢地劝说。就这样用了足足一年半的时间。可是孙翰琪这个败类，却非常顽固，恶习难改，对当汉奸警察不仅不感到耻辱，反而认为很荣耀，高人一等。而且对郑致民的社交活动也开始管制，对她与吉乃臣的接触也产生了醋意，对地下人员的秘密活动也有所察觉。由此两个人不断发生口角，关系逐步恶化。一次，孙翰琪竟对郑致民恶狠狠地说："你们那几个人总在一起鬼鬼祟祟没好事，别以为我不知道，你们都思想不良，别拿鸡蛋往石头上碰！"郑致民感到这不是一般吵嘴，孙翰琪已怀疑到她们的政治活动，于是立即质问他："你凭什么说我们思想不良，我们都是同事还不许在一块儿！"孙翰琪冷笑着回答："你还问我，你们干的什么事自己知道，哼！把我惹急了，没你们好！……"

郑致民赶紧把这个情况向组织做了汇报，认为他们夫妻关系已无法再继续下去，孙翰琪是个死心塌地的汉奸，不仅无法争取，再拖下去就有暴露组织的危险。这期间敌人不断强化治安肃正，实行残酷的政治、经济高压政策，实行保甲制、连坐法，归屯并户，只要一人被怀疑有反满抗日行为，就要杀害全家，株连很多人。警特宪兵也经常到学校搜查，还去过郑致民的家，检查过她的书籍衣物。党支部书记马成林去佳木斯向市委书记董仙桥做了汇报，市委开会研究感到问题严重，于是决定同意郑致民上队，但不能随便就走，那样还是会暴露，得想个安全妥当的办法。正好这时孙翰琪因给日寇效劳有功，由警长提升为警尉，从悦来镇调到富锦。他不在悦来镇，更便于郑致民的活动，也给她的出走带来有利条件。党支部书记马成林和郑致民、董若坤三人进行了多次周密的研究，怎样才能使她顺利出去，不使地下党组织暴露，也保证她家里人不受牵连。他们反复商量，拟定了一个又一方案。但都感到不太严密，有破绽，于是又一个一个推翻。不久，他们听到吉乃臣在同事中说他要去沈阳治病的话，启发了董若坤，她和马成林商量，郑致民和吉乃臣的朋友关系很密切，可以利用吉乃臣去沈阳的机会，送郑致民出走，敌人追查，就放风说他俩私奔了，把敌人的注意力引到男女关系上去，就能保护党组织和不牵连家人。他们觉得这个办法最妥当，最容易蒙混敌人，不往政治上怀疑。他们和郑致民商量后，她感到能很快实现奔赴抗日战场的夙愿很高兴，这个办法，也不失为一条最安全的锦囊妙计，但觉得以男女私奔的名义去欺骗敌人，却有损自己的人格，对家庭的名誉也有影响。会使疼爱自己的母亲蒙上愧色。但除此又拿不出更好的办法，她红着脸思忖许久，最后下决心，还是以大局为重，服从组织安排，个人的生命都可为革命事业而牺牲，难道还有什么荣辱不可置之度外。她坚定地说：就这样办吧，我这一生都交给了党！

　　马成林将这个打算汇报给地下市委，市委负责同志又经过缜密的研究，认为此计划可行，同时指示马成林要尽力做吉乃臣的思想工作，最好把他争取过来，然后送他俩一起上队，这样更是两全其美，是长久之计，不然吉乃臣去沈阳治病只是短时间，他一回悦来镇还会引起麻烦。市委要求他们抓紧工作，做好准备，待抗联部队的交通员来（每月来市委一次），就带他们上队，因为没有交通员是找不到队伍的。

　　马成林回到悦来镇，向董、郑二人传达了市委的指示，他们认为这样更好了。于是抓紧进行工作，一方面郑致民与吉乃臣更加频繁地来往，关系也更火热，给周围的人造成一种明显暧昧关系的印象；另一方面则给吉乃臣讲解抗日救国的道理，动员他参加抗联部队。吉乃臣原来就有思想基础，经过教育认识上更有提高，而且知道是和郑致民一起上队，很是高兴，他俩此时实际也真的产生了感情，同意尽快出走。

这时已是 1937 年 7 月下旬了，孙翰琪早已提出要郑致民也调到富锦去。党支部同意郑致民先办好去富锦的调令再走，这样更为妥当。于是 7 月 28 日，郑致民到伪桦川县公署教育股办好了去富锦的调令，并且按着商定的计划去富锦报到。在那儿住了十来天，又借口回娘家取过冬的棉衣返回悦来镇。

这时出走的条件已全部成熟，而且正巧勃利县委干部易恩波来到佳木斯市委，他带来抗联第五军军长周保中要求下江特委给抗联五军输送知识分子干部的信件。于是市委通知悦来镇党支部，赶快安排郑致民和吉乃臣出走。马成林接到通知后，先安排吉乃臣离开悦来镇，表面上说是去沈阳，实际是到了佳木斯，等候郑致民。

接着安排郑致民离家，对周围的人就说是去富锦。8 月15 日，星期日，这天下午由马成林和董若坤送别郑致民。他们三人悄悄地来到学校的教员宿舍里。他们都是音乐、图画教员，都会乐器，过去也常凑到一起吹拉弹唱，以此掩护讨论抗日救国大事。这天，同样为了避免敌人的怀疑，马成林和董若坤也带了口琴和笛箫。情深义重的革命战友从此就要天各一方，不知以后是否还能相见，在这生离死别之际，他们的心情就像大海的波涛一样，起伏不平，该说的话虽然已经说完了，但好像还有很多话要说，却又无从说起。郑致民感受到两位老战友的不无伤感的深深惜别之情，为了使他们更放心自己的离去，她压抑住内心的酸楚，借用杜甫的《春望》诗句改了几个字，表达她对革命的前途充满着胜利的信心，她激动地念道："国破山河在，城春草木深，恨别（原句为'感时'）花溅泪，重逢（原句为'恨别'）鸟欢（原句为'惊'）心。"她又拉着董若坤的手说："董妹，今后在敌人眼皮底下干革命是越来越艰难了，随时都会有更加危险的情况出现，我希望你以后工作要更加小心。我们这一生都交给了党，在哪里干都是为了挽救我们可爱的祖国。"她又用力握了一下对方的手说："我们都要服从组织的决定吧！咱们总会见面的，我在队伍里等你！……"她说着又像想起什么似的从书兜里拿出一本古文书和一支钢笔送给董若坤做纪念，并告诉她说：

"为了不引起麻烦，我的留言只能写在字里行间，你往一起凑着念吧。"董若坤翻开书，连着几页，细细看着默默地念诵："两山不能迁，两人能见面，盼那天，相逢日，祖国换新颜！"董若坤看完，心里一阵激动，两颗晶莹的泪珠滴落在书上，她合上书紧紧地抱在怀里。

党支部书记马成林，比她俩年龄都大，她们平时也称他马大哥，他的肺病很重，常常大口咳血，现在由于心情过于激动，脸涨得通红。此时他正发着高烧，不得不躺倒在炕上。他尽量忍着喘嘘，缓慢地对郑致民说："你不要惦记这里，敌人要追查，我们就按计划办，放心走吧，我和若坤会常去看望郑大娘的。"

郑致民望着马大哥病弱的身体，眼里噙着泪水说："我只希望你的病能早些好起来，你一定要好好治啊！"说着竟忍不住伏在董若坤的肩上抽泣起来。她这酸痛的感情闸门一打开，她俩再也忍不住了，不禁相抱大哭。哭了一阵，郑致民哽咽着说："若坤啊，你要经常督促成林去看病，他现在太虚弱……家里我不惦念，只是妈妈找不到我会上火的，你有空常去照看一下……我想，用不着多久，我们就会见面的！"她忍住泪水，又坚定地说。

马成林也含着惜别的眼泪，督促说："时间不早了，离别的话是说不完的，送致民上船吧。"

他们雇了一辆马车拉着行李去船站码头，三个人走在后边依依不舍地叙着衷肠。辞别的话已经说过多次，可脚步仍然不停，郑致民只得再次停下，坚定地劝说送行人："送君千里终有一别，就到此为止吧，不要再送了，免得路上碰上熟人，惹出麻烦。"然后紧握两人手，道声："保重，再见！"就转身快步去追赶马车。送行的两人停立在道上，一直目送到离人消失了身影，才踱步返回镇里。他们都预料到但又不愿预料，这次相送竟成了永别！

　　再说吉乃臣和郑致民走后半月左右，果然引起敌人的怀疑，孙翰琪也到郑家吵闹要人。伪《三江日报》社姓何的特务记者到悦来镇北门里两级小学找董若坤调查郑致民的去向，董若坤按照事先的计划与敌人周旋，说她可能是与吉乃臣先生一起走了，同时在教师中制造郑致民和吉乃臣关系暧昧的舆论。这个特务记者相信了男女私奔之说，没有再深追，他在《三江日报》上一连三天刊登文章，表示此为桃色事件了事。地下党组织为进一步迷惑敌人，使其确信是男女私奔，不往政治问题上追究，安排马成林去沈阳治病。市委书记董仙桥特意写了一首词，题目是《告登徒子·调寄西江月》：闺房怨偶相对，枕边吵骂惊邻，积恨成仇无术解，别求生路作人。新爱原是故友，两心相印情深，比翼双飞凌空去，告尔枉想追寻。马成林把这首词带到沈阳，以郑致民的口气写了一封假信寄回悦来镇学校，散布开来。马成林从沈阳回到悦来镇后，又在教师中大讲假话，说他在沈阳街上看见郑致民和吉乃臣在一起买东西，他喊他们，他俩见是他就扭头走开了。这样一来更加逼真，悦来镇满城风雨，都在议论这件新闻。敌人深信不疑，郑致民安全地到了部队，地下党组织没有暴露，郑家人也免遭迫害，最后给孙翰琪出了离婚手续，从此了结。

巾帼英魂　光照千秋

郑致民由悦来镇码头上船后，逆江而上到了佳木斯，董仙桥给他们写了去抗联五军的介绍信，然后由易恩波带郑致民和吉乃臣二人先进入勃利县境，又转道奔刁翎三道通的深山密林中。这时郑致民改名冷云，是取唐诗"冷云虚水石"的"冷云"二字，意为水天一色的顶天立地的中流砥石，也即是做革命的中流砥柱，表示她壮志凌（冷）云、抗日到底的坚强决心。吉乃臣更名周维仁。8月18日，他们在山里见到了正在带领部队活动的抗联五军军长周保中，正式参加了抗联五军队伍。周军长向他们表示了热烈的欢迎，和他们亲切谈了话，说明全国抗战爆发后，抗联部队正积极开展军事活动，主动向敌人发动进攻，以牵制日伪兵力入关，配合全国总抗战。部队正是用人之际，特别是欢迎知识分子干部，对他们投笔从戎，给予高度赞扬。为使他们熟悉部队情况，发挥他们的特长，安排他们先去后方密营军部秘书处工作一段。周保中在当天的日记里曾写下了这事：送转地方工作同志冷云、周维仁入队。

冷云和周维仁在队伍里不断地接触，进一步加深了感情，他们敞开心扉，互相爱恋，不久，经组织批准，他俩正式结为革命伴侣，实现了他们隐藏在心底的夙愿。

冷云在秘书处做文化教育工作。她尽力发挥自己当过教师的特长，运用在师范学校所学的全部知识，根据抗联部队战士们的文化素质较低的实际情况，自己编写适用的文化课本和宣传材料，热情地给战士们上课。用剥掉皮的大树干当黑板，用烧黑的树枝当笔，用桦树皮作纸。她又能歌善舞，对活跃抗联部队的文娱生活起到很大作用，受到领导和战士们的欢迎。后来又调她到五军妇女团担任小队长和指导员。当时冷云已怀孕，部队的生活很艰苦，但她顽强地工作着。1938年春，她在密营里生下了一个小女孩，由于缺乏营养，身体很虚弱。不久，又得知周维仁在一次战斗中牺牲的不幸消息，冷云非常悲痛，但她忍受住感情上的沉重打击，仍奋力工作。

这时，我中共吉东省委和东北抗联第二路军总指挥部决定：为了冲破敌人日益加紧的军事讨伐，粉碎敌人企图将活动在松花江下游地区抗联部队聚而歼之的阴谋，跳出敌人的包围圈，所属部队四、五军向西南的五常地区进行远征，以便和在吉林地区活动的抗联第一路军及第二路军所属的第十军打通联系，开辟新的游击区。

5月间，二路军所属的主力部队四、五军开始集结行动，由于不断遭到敌人的阻击，直到6月下旬才克服重重困难，到达远征集结地牡丹江下游刁翎地区。五军妇女团也奉命参加此次远征，冷云为了远征，只得忍痛将刚生下两个月的小女儿，求军部谢清林副官抱送给依兰县土城子的一位朝鲜爱国群众抚养。从此母女再没有见面。

同年10月下旬，部队在远征受损后返回牡丹江畔时，发生了八女投江的悲烈壮举，冷云英勇牺牲，时年仅23岁。解放后，冷云的家里才知道真情，烈女也得到党和政府的表彰，受到了人民的敬仰，政府曾多方寻找烈士的遗孤，但一直没有下落，成为令人痛惜的历史憾事，更增加对冷云的哀惋和敬重之情。

（编者注：本文作者温野，标题为编者所加。文章选自《史海存真》109页—123页。）

刻骨铭心

→ 冷云舍女

★ ★ ★ ★ ★

远走千里去西征，不分男兵和女兵，
开辟新的根据地，人地两生任务定艰辛。

冷云女儿不足岁，她是母亲"小命根"，
战事频繁千里远，身背女儿怎行军?

星光点点耀人眼，清风渐渐撩人心。
冷云内心浪涛滚，夜静抚女诉衷情:

"抗联责任是驱日寇，战士要胸怀全局情。
既然抗日身许国，一切牺牲都得要担承。"

"我把女儿送给人，为的是路途艰险不缠身。

集中精力好作战,多多消灭鬼子尽责任。"

冷云她——喂一口奶水望一眼星:

"女儿啊,你是天上的哪颗星?"

冷云她——拍一把女儿看山影:

"女儿啊,你是哪座高山峰?"

冷云她——低头凝视身边草:

"女儿啊,你是小草根系深!"

冷云她——随手掐朵山花看:

"女儿啊,你是鲜花多香馨!"

冷云听——脚下溪水淙淙响:

"女儿啊,这是你的唱歌声!"

冷云看——山风吹得树冠动:

"女儿啊,你是傲霜斗雪的一棵松!"

"女儿啊,不是母亲不爱你,

娘去了，是为了消灭万恶的鬼子兵！"

"女儿啊，不是母亲不疼你，
娘去了，是为了千万个母亲和儿童！"

冷云她——望一眼皓月清如水：
"女儿啊，月有圆缺日有阴。"

"今日月圆送你走，下次月圆把你迎。
晴空朗朗无云遮，日月星辉照你身！"

"女儿啊，天下穷人是一条心。
娘走有人疼爱你，胜过我爱你几倍深。"

"把你送给阿妈妮，她们都是你的亲母亲。
粒米虽少济你吃，衣鞋破旧你穿新。"

"女儿啊，两个民族是一条心，
今天送你也是为了你，娘走万里都放心！"

"女儿啊，你去吧，

你的人生很幸运,有家有炕有亲人。"

"女儿啊,你未见,
有多少母亲与儿女,相拥冻死在雪地中!"

"女儿啊,你不知,
为了众人不暴露,忍痛把亲生捂死襁褓中。"

"女儿啊,这些撕心裂肺的事,
你一定要永远记心中,那可都是无辜的小生命……"

夜静人少不惊众,战友们闻讯赶到河滨看冷云。
副官捎来军长的一条黄军毯,
还有作为标志的两个银元永藏身。

男女战友敬军礼,女儿双手抓冷云。
王惠民把小女抢来紧紧抱,高低不允不放行。

儿女是母亲心头肉,谁愿"咿呀"就送人?
事出无奈大局重,忍痛割爱疼灼心:

"女儿出世就很勉强，不足月份临战场：
第一声啼哭伴风雪，第二声企盼鬼子亡。"

"第三声哭喊夜漫漫，第四声知温母怀凉。"
声声寻奶怜母爱，冷云实在揪心肠：

"丈夫恩爱躯捐国，唯一骨肉要离身旁。
以后咋跟公婆讲……"冷云舍女抗日决心强。

她接过女儿喂奶水——"这最后一餐是报偿……"
谢清林副官一旁站，接女心酸泪两行。

明月清风伴随冷云的女儿走，
副官与小女心心相印同跳荡。
他直奔土城子堡垒户，老人是抗联的亲人好大娘！

战友们见状信心增，人人决心学冷云。
同仇敌忾去战斗，舍生忘死为人民。

→ 血洗四合村

★★★★★

刁翎镇辖个四合村，村前河水绿莹莹，
村东大道通四野，西山上森林茂密又幽静。

平地良田几千亩，黑色沃野土地勤。
盛产玉米小麦和大豆，刁翎路晒烟似镀金。

高粱红似火，谷穗压弯腰，
大豆摇荚响，稻浪泛金涛。

羊群白如雪，牛群摆尾把头摇，
雄鸡报晓唱曙色，炊烟袅袅朝霞烧。

孩童读私塾，邻居见面互问好。

老人抽着长烟袋，姑娘小伙子收获勤劳。

自从日寇把这片土地侵占，老百姓就在这里奋起抗战。
这一带成了抗日根据地，百姓冒死当"堡垒户"支援抗联。

老百姓"出荷粮"不得温饱，仍节食缩衣把抗联支援。
鬼子抓劳工鞭抽绳绑，人民送儿女抗日心甘情愿。

四合村百姓同吃乌斯浑河水，全村人如水润田心系抗联。
抗日联军和百姓亲如鱼水，同仇敌忾痛歼日寇和汉奸。

村中有个猎户倍受敬重，他精明豪爽办事干练，
人送他外号"王皮袄"，在抗联五军当军需副官。

副官长女王惠民，懂事就想当抗联。
八岁参加儿童团，站岗放哨送信函。

少女团长志气大，抗日救国不畏难。
躲避追捕日夜藏，看护弟妹忍饥寒。

晴天霹雳黑云翻，日本鬼子最凶残。

汉奸特务送情报，为虎作伥当密探：

"庄稼割完正打场，王皮袄奉命已下山，
筹粮筹款扩队伍，四合村'通匪'最冥顽。"

情报送到熊谷手，他心狠手辣动恶念：
"抓住王皮袄的给重赏，血洗四合村的——去治安！"

刁翎驶出汽车队，乔本带队拂晓行。
兵拥狗叫一窝蜂，张牙舞爪扑向四合村。

晨曦唤醒四合村，静谧山村炊烟升。
柴门虚掩娃熟睡，灶堂火旺饭味浓。

忽听狗叫鬼子喊，四合被围个不透风。
皮鞋踏地扬尘土，狼狗嗥叫瘆人心。

机枪张着血盆口，钢炮杀戮罪难容。
刺刀对准乡亲脸，砸窗踹门逐户清。

鸡落篱笆叫声惨，狗咬鬼子难逃生。

乡亲频遭枪托击，稍作反抗就挨刺刀捅。

全村人被驱赶到场院内，密密麻麻围了一圈日伪兵。
众乡亲恨生心头眼冒火，胸中怒涛似海浪涌。

鬼子喊话翻译翻，"中日共荣"说几遍。
威胁群众交出"王皮袄"，逼问谁是"通匪"的领头雁！

群众怒火胸中烧，一口咬定不知道。
汉奸翻译忙喊话："交出副官给金票。"

"为什么并村你们不搬进兴隆镇？
为什么你们总是有人去'串亲'？

为什么有人把粮食藏在石碴子下？
为什么你们养活'红胡子'的受伤人？"

人群沉默寂无声，乔本淫笑四处寻。
特务拽出惠民娘，恶虎扑食要吞人。

她高挑身材人清瘦，杏眼细眉圆脸形。

衣服补丁块挨块，怒火中烧眼交锋！

金钱收买许诺甜，战刀高举威逼严。
惠民娘昂首敌前站，怒视敌人心坦然：

她痛斥鬼子罪恶滔天无人性，怒骂叛国投敌出卖祖宗的狗汉奸。
"中国人是不会饶恕你们的！"……乔本将战刀刺进她心间。

愤怒的群众高声呼喊齐涌动，乔本声嘶力竭挥舞战刀下杀令。
机枪来回扫射"嗒嗒"响，群众纷纷倒在血泊目不瞑。

庄稼垛全被点着火，全村房屋蹿火焰，
鸡飞空中又扎进火，猪叫牛跑处处惨……

眼见得全村百姓被屠杀，眼见得全村房屋化为烟，
眼见得畜禽被烧死，眼见得鬼子狞笑如同禽兽般……

村头骤然响起剧烈的枪声，小鬼子惊慌失措急忙逃生。
原来是抗联赶来把乡亲搭救，是惠民爸带领队伍来打日本兵——

在鬼子驱赶人群的紧急时刻，王惠民藏进地窖躲过敌人搜寻。

她趁敌人不备偷偷溜出村外,去寻找夜住别处的抗联和父亲。

副官接到惠民报来的凶讯,带着队伍飞奔四合村。
为使乡亲少遭杀戮,未进村就枪声齐鸣。

浓烟滚滚烧全村,血流成河尸体横。
只有少数人幸免于难,都呼天抢地痛不欲生……

庄稼垛全被烧成灰烬,冲天的浓烟烈火味难闻。
畜禽的焦尸随处可见,惊恐的叫声凄惨瘆人。

四合村劫后不忍睹,只剩断垣残壁揪人心。
救火打干了全村井里水,葬亲人寻不到木板和残门。

幸存的乡亲只得投亲逃命,有四位姑娘生长在一根苦藤。
她们面对副官擦干眼泪,诘问苍天!一同跪拜亲人坟!

眼睛哭得成枯井,唇裂滴血肚里吞。
嗓哑无音心记恨——"不报这血海深仇不为人!"

坟多难圆坟堆土,泪干难祭众乡亲。
村毁没有坟头纸,她们满腔悲愤参了军。

胡秀芝家住马蹄沟口，前天她投亲来到四合村。

丈夫是抗日救国会会长遭杀害，她去勃利串亲躲过劫难得逃生。

父母早亡她跟随兄长搞抗日，日寇血洗马蹄杀了她亲人。

四合村今天遭浩劫，她再次掩埋亲人添新坟。

黄桂清家是抗日"堡垒户"，经常给抗联送粮送信感情深。

因全家人"通匪"遭杀戮，现在仅仅幸存她一人。

郭桂琴自幼就丧母，在姥爷家跟着姥姥长成人。

姥爷家虽然贫困却同甘苦，唯剩她孤苦伶仃一个人。

王惠民早就要跟随队伍去抗日，因年幼还要照顾弟妹未成行。

这一次她靠机智身脱险，找来抗联搭救老百姓。

大屠杀又留下一村冤魂恨，小鬼子又留下一片新坟茔。

烧全村又留下一笔新血债，乌斯浑河记下了这笔新罪行。

西山森林怒仗剑，村前流水在悲吟。

千垧黑土沃新血："抗日军民是一条心！"

后　记

弘扬八女精神　畅想世界和平

　　1938 年 10 月 20 日，八女殉难当天的傍晚"天黑时"，突出敌人重围得以生还的战友们，派回一个小分队，回到早晨的战场"了解情况"。几天后，突围的部队在离喀上喀约十里的能能沟口与五军军部会合，以后他们分别向前后刁翎一带活动。一天，柴世荣军长命令部队"今天上午什么也别干了"，到乌斯浑河岸战场，沿河岸向下游寻找八女遗体。他们找到五位烈士遗体，并葬于河岸边。由于多日的浸泡等原因，只能从体形体态上认出王惠民和冷云两位烈士，其余三位已辨认不出是谁了。

　　1938 年 11 月 4 日，周保中写下了"乌斯浑河畔牡丹江岸将来应有烈女标芳"的日记。

　　1944 年，在枫叶飘红的季节，周保中将军在原苏联主要由抗联将士组成的独立的国际第八十八教导旅任旅长时，为了纪念

"八女投江"和以八女英勇顽强、誓死不屈、悲壮殉国的英雄壮举教育干部战士,特编写了以"八女投江"为内容的小话剧《血泪仇》,由抗联战士们在晚会上与《西征》等其他节目一同演出,受到了全体抗联将士和苏方领导及战士们的高度赞扬!他号召将士们进一步坚定誓将日寇驱逐出中国的信心和决心,要像八女那样忠于祖国和人民!此剧堪称"八女投江"第一剧。

1946年5月冯仲云在《东北抗日联军十四年奋斗简史》一书中对"八女投江"作了简要记述。

1946年8月3日,周保中将军在吉辽军区司令部院内留影后,率骑兵警卫排四十余人,赴"八女投江"处的乌斯浑河畔悼念英烈,缅怀八女的功绩。全体人员在河边列队,一齐对天鸣枪三响,之后脱帽默哀。周保中在河边拾取三片树叶,在上面写上"英雄冷云"后,夹在书中,并轻声说着:"冷云,英雄!巾帼英雄!"

1948年9月,抗联第四军军长、合江省政府主席李延禄参观东北烈士纪念馆时,挥毫题词:"冷云等八同志千古!"并赋诗一首:"牡丹江畔英雄女,一片赤心照碧波。辉煌业绩千秋颂,意志忠贞万年歌。"

1948年10月10日,哈尔滨东北烈士纪念馆开馆,首次展出了"八女投江"的油画。

1948年冬,颜一烟以"八女投江"史实梗概为内容,创作了《中华女儿》电影剧本,1949年拍成电影,于1950年在第五届国际电影节上获"自由斗争奖"。

1959年王盛烈教授的著名国画《八女投江》问世。

1960年，八女的战友徐云卿的回忆录《英雄的姐妹》出版发行。周保中为书作序——《回忆抗日战争中的东北妇女》——此书于2005年第三次再版。

1961年周保中的《东北抗日游击战争中的英雄妇女》一文在《中国妇女》杂志第八期上发表，有叙述"八女投江"的专段。

1962年，东北烈士纪念馆的温野带队，专门调研考证"八女投江"史实，写了《东北抗日联军"八女投江"事迹新探》一文，发表在1963年3月26日《黑龙江日报》"学术研究"版上，奠定了"八女投江"的史实基础。其调研过程写入《八女投江事迹查实》一文，并收入《史海存真》一书。

1982年，林口县人民在八女殉国处的乌斯浑河东岸的小关门咀子山坡上，建起了"八女投江"烈士纪念碑。碑铭为原黑龙江省省长、抗联老战士陈雷丹书——"八女英魂光照千秋"——八个红光闪闪的大字。

1984年及以后的一段时间，林口县县志办组织徐文芳、王聪、孙德文、张长珊、康玉环等有关人员，对"八女投江"史实作了进一步调研，取得了重要成果并由徐文芳整理成文对外发表。

1986年3月，中共林口县委史志办、林口县人民政府民政局编纂了《林口烈士》一书，对"八女投江"史实作了专门叙述。

1986年4月，由黑龙江省牡丹江市志办公室、林口县志办公室出版了由徐文芳编著的《八女投江文史辑》。此书是当时关于"八女投江"研究成果之专辑。

1988年8月，牡丹江市人民在市内的江滨公园雕塑了由邓颖超题写的"八女投江"石雕群像，并完善了"八女投江"展厅。

1995年春，中共林口县委、县政府对原"八女投江"纪念碑进行了重建，并新建了一栋124平方米的八女投江纪念馆。

1995年6月，为纪念抗日战争胜利50周年，中共林口县委员会、林口县人民政府编印了《林口抗日烽火》一书，对"八女投江"有专文记述。

1997年焦永琦、翟广杰著的小说《八女投江》出版发行。

1998年版的《林口县志》和2005年的《林口县老区革命斗争简史》对"八女投江"均有专文记述。

2005年，在纪念抗日战争胜利60周年之际，9月3日，国家主席胡锦涛在纪念中国人民抗日战争暨世界反法西斯战争胜利60周年大会的讲话中，赞扬"八女投江"是"中国人民不畏强暴、英勇抗争的杰出代表"之一。于春芳的叙事诗《八女颂》出版。

除上述各种颂扬、纪念形式外，"八女投江"英雄史诗，还以各种绘画、雕塑、史志、辞条、邮封、舞蹈、戏剧等形式见诸于世。

为纪念八女殉国 70 周年，牡丹江市博物馆和烈士纪念馆管理处与林口县老年学会合作，对"八女投江"英雄史实进行了历时四年的再调研，于春芳主编了《八女投江史实考》一书，于八女殉国 70 周年前夕出版。叙事诗《八女颂》修订本也于此时出版。

为纪念八女殉国 70 周年，林口县委、县政府筹集 100 余万元资金，由刁翎镇党委、政府具体负责，重新修缮了"八女投江"遗址纪念地。修缮后的"八女投江"遗址纪念地的面貌焕然一新。纪念碑基和山坡挡土墙用黑色大理石镶嵌；纪念地 5000 余平方米的地面用花岗岩石板重新铺装。原"八女投江纪念馆"修缮后改称"八女投江遗址陈列室"。在纪念地所在的南山山梁上修建了"忆英亭"。在忆英亭可以真切地看到八女的殉国地点和八女当年抗击日寇的战场。"忆英亭"与遗址纪念地之间的"抗联小道"用花岗岩台阶石铺设。同时修通了"八女投江"遗址纪念地的公路和桥梁，极大地方便了前来参观瞻仰的宾客和游人。

2008 年 10 月 20 日，林口县委、县政府在"八女投江"遗址纪念地举行了隆重的"八女投江"70 周年纪念大会暨殉难地遗址修缮工程竣工揭牌仪式。

原抗联五军教导队分队长（八女之一的郭桂琴的未婚夫）冯文礼老人、原抗联五军妇女团班长、八女战友徐云卿的女儿白福兰女士、抗联史学者赵海龙先生、吉林省《新文化报》总审读王沐先生和抗联烈士王世显的后人王爱民等嘉宾,应邀参加了纪念大会。

这天,阳光和煦,天空晴朗,万里无云。县委领导与全县党政军民学各界代表千余人,齐聚于乌斯浑河畔、小关门咀子山麓的"八女投江"遗址纪念广场,纪念八女英烈为国、为民、为民族独立和世界和平事业而英勇献身的丰功伟绩。

县委书记宫镇江说:"70年来,我们始终铭记着为抗日战争胜利英勇献身的八位女英雄,她们的功勋永载史册!她们的英名万古流芳!

"我们纪念'八女投江'这一伟大历史事件,就是缅怀她们的丰功伟绩,弘扬八女英雄自强不息、艰苦奋斗、舍生忘死、鞠躬尽瘁的革命精神,用英雄的力量感召我们全力以赴建设好林口的各项事业。"

应邀参加大会的冯文礼老人、白福兰女士在大会上致词。

这天,在牡丹江市"八女投江"纪念广场,也举行了同样的纪念大会。除牡丹江市各级各界领导和广大群众代表参会外,抗联老战士、原黑龙江省政协副主席李敏,朝鲜驻沈阳总领事馆领事白正吉、承炳日,省委党史研究室主任李景文,省民政厅副厅长王润增也应邀参加了纪念大会。市委书记徐广国代表全市280万人民,向"八女英烈"表示深切的怀念!

这天，全世界爱好和平的人们同我们一样都在共同祈祷和平。中国人民的抗日战争，是始于中国、结束于中国的世界反法西斯战争的重要组成部分。中国人民为此作出了巨大的民族牺牲！

我们纪念八女的丰功伟绩，弘扬她们的伟大精神，就是要以八女为榜样，热爱祖国，建设祖国，造福全国人民和家乡人民。

我们纪念八女、弘扬八女精神，就是为了畅想世界和平、捍卫世界和平，愿人类远离战争，永久和平。

2009年，在庆祝中华人民共和国成立60周年之际，"八女投江"被评为"双百"人物之一。愿我们的伟大人民，将八女英雄壮举蕴含的伟大民族精神，千秋万代传承下去；并结合新的时代特点发扬光大，使这笔宝贵的精神财富愈加放射出灿烂的光辉！

伟大的八女精神，永放光芒！